Omicidio alla Moda

ISBN: 978-1478332695

Autore: Cinzia Medaglia

Copertina di: Martin R. Seiffarth

Realizzazione editoriale: Martin R. Seiffarth

Printed in USA

Capitolo 1: Alessandro

Milano
Milano é una città grande (1,300.000 abitanti) la seconda più grande dopo Roma in Italia. Ci sono università, uffici, aziende e banche. Una città dinamica e "lavoratrice" ma dove ci si può anche divertire. Ci sono infatti: bar, discoteche, cinema, musei, gallerie d'arte e teatri. E non dimentichiamo il Teatro della Scala, tra i più importanti al mondo per l'opera teatrale e per la musica classica.

Via Montenapoleone nel centro di Milano: i negozi dei più grandi stilisti del mondo. Negozi eleganti, originali, così eleganti e originali da sembrare dei piccoli musei. Musei dell'eleganza.

Alessandro, ventidue anni, scende dal tram proprio davanti al grande negozio Baruffi & Baruffi. Ha una vetrina^{shop window} enorme e nella vetrina ci sono abiti eleganti e strani. Molto eleganti e molto strani.

Alessandro dà un'occhiata al prezzo di una camicia^{shirt} bianca.

"Accidenti" dice. "540 euro! Se compro una camicia per 540 euro, mia mamma mi uccide."

Alessandro entra nel negozio.

Un commesso^{shop assistant} gli si avvicina.

"Buongiorno" gli dice. "Vuole…"

"Vorrei parlare con il signor Baruffi" lo interrompe Alessandro.

Il commesso lo osserva, anzi lo squadra^{to look up and down}.

"Mi dispiace" dice "il signor Baruffi è impegnato adesso."

"Veramente sono qui per il posto di contabile^{accountant}" replica Alessandro.

"Capisco, però il signor Baruffi è occupato lo stesso" ripete il commesso.

"Che cosa stai dicendo?" grida una voce dietro di loro.

"Mi scusi, signor Baruffi, ma io ho pensato che…" dice il commesso.

"Ti ho detto cento volte che non devi pensare, Claudio."

"Sì, signore" risponde il commesso e se ne va.

"Tu… vieni con me!" dice il signor Baruffi ad Alessandro che lo segue in un ufficio al primo piano.

Il signor Baruffi è un uomo sui cinquant'anni. Non è molto alto, è magro e ha i capelli bianco grigi.

Alessandro lo aveva già visto in diverse foto. Perché Baruffi è uno stilista famoso; spesso sulle copertine dei giornali e in televisione.

"Nelle foto sembra più bello e più alto" pensa il ragazzo.

Il signor Baruffi mostra ad Alessandro una scrivania.

"Tu lavori qui" gli dice. "Marisa, la signora che sostituisci^{to replace}, ha lasciato queste note."

Gli fa vedere dei fogli. "Per il resto puoi chiedere al signor Richetti. Lavora nell'ufficio accanto^{next to} a questo."

"Richeeeetttiii" grida.

Un uomo basso e un po' grasso entra nell'ufficio.

"Sì signore?"

"E' arrivato il ragazzo che sostituisce Marisa."

"Bene signore, e io devo...?"

"Cosa avete oggi? Siete tutti rimbambiti[dotty]? Devi spiegargli cosa c'è da fare, devi spiegargli tutto. Tutto, capisci?" Adesso il signor Baruffi sta di nuovo gridando.

"Sì, signore" risponde Richetti.

E Baruffi ad Alessandro:

"Tu... perché non parli, perché non dici una parola? Hai capito o no?"

"Sì signore" fa Alessandro.

"Sì signore sì signore... ma non sapete dire altro? Accidenti a voi!"

In quel momento suona il suo cellulare.

Lui risponde:

"Ah sei tu... Sì, certo che mi ricordo!"

Continua a parlare mentre va nell'altra stanza.

Richetti chiede ad Alessandro di sedersi vicino a lui.

"Adesso ti faccio vedere. E' la tua prima esperienza di lavoro?" gli chiede.

"No, ho lavorato per diverse estati nella ditta di un collega di mia madre."

"Ah, bene. Quindi qualcosa sai."

"Sì."

Richetti spiega ad Alessandro quello che c'è da fare.

E Alessandro, che è un ragazzo sveglio[brilliant] e intelligente, si mette subito al lavoro.

Sta lavorando al computer quando Baruffi entra nella stanza.

"Tutto a posto?" chiede.

"Sì, grazie" risponde lui.

"La pausa è alle dodici e mezza. Hai un'ora."

"Grazie, signore."

"Ho detto un'ora non un'ora e un quarto o un'ora e mezza."

"Sì, signore."

In quel momento entra una ragazza. Ha i capelli lunghi e neri, gli occhi grandi azzurri e un corpo sottile, da modella.

Vede Alessandro e chiede:

"Chi è quel ragazzo?"

"Sostituisce Marisa in questi due mesi" risponde Baruffi.

"Capisco" fa lei.

Alessandro la saluta con un 'buongiorno'. Lei però non risponde, parla a Baruffi.

"Sono arrivate le due giornaliste di Voga" dice.

"Vorrebbero parlare con te."

"Io non ho tempo" risponde Baruffi. "Devo finire di controllare con Vera la collezione per domani. Parlaci tu, per favore!"

"Io, zio?" chiede lei.

"Sì, certo. Hai già parlato con i giornalisti e so che sei bravissima. Puoi farlo anche questa volta."

"Oh, bene, zio. Grazie" fa ragazza.

Alessandro vede che il signor Baruffi sorride.

"Strano" pensa. "Riesce anche a sorridere questo antipatico!"

Anche la ragazza sorride, ma non ad Alessandro.

Esce dalla stanza senza salutarlo.

"Sembra antipatica come lui. D'altra parte sono anche parenti. Peccato, perché è davvero carina."

Sono le dodici e mezzo. Richetti entra nell'ufficio di Alessandro.

"Ci sono problemi?" chiede.

"No, grazie. Tutt'ok."

"Vuoi venire a mangiare con noi?"

"Noi??"

"Con me e Valeria, la nostra pr^{public relations}. In genere noi mangiamo insieme nel bar qui sotto."

"Oh, sì, bene, grazie. "

Il bar

Ci sono tantissimi bar in Italia. Ogni città e ogni paese ha il suo bar. La gente frequenta i bar non solo di sera ma anche durante il giorno. In estate alcuni bar mettono fuori i tavolini. Così i clienti possono sedersi e mangiare all'aperto. Al bar si può fare colazione di mattina (con il classico caffè o il cappuccino con brioche), il panino o un piatto freddo o caldo all'ora di pranzo, il caffè a metà mattina. Soprattutto in estate al bar si prende l'aperitivo di sera.

Il bar è molto grande, tipicamente italiano. Ha un bancone lungo con piattini pieni di stuzzichini[appetizers]. Ci sono tavoli fuori, sul marciapiede[pavement] e un forte odore di caffè, perché gli italiani amano l'espresso.

Al bar Alessandro, Richetti e Valeria si siedono a un tavolo.

Valeria, pr della Baruffi & Baruffi, è una donna su

trentacinque anni.

Alta, magra, gambe lunghe, capelli biondissimi.

Al tavolo vicino Alessandro vede la ragazza, la nipote

del signor Baruffi. E' insieme a due giovani donne,

tutt'e due molto alte, molto snelle, molto belle.

Valeria mangia un'insalata e intanto parla. Parla tanto

Valeria.

"Eccola la bellissima e odiosissima^{hateful} Tiziana

Baruffi" dice. "Le altre devono essere le modelle

russe."

"Russe?" chiede Alessandro.

"Sì, Baruffi vuole le modelle tutte bionde quest'anno"

spiega Valeria.

"Anche lei fa la modella?" domanda Alessandro.

"Chi? La nipote del Baruffi, Tiziana?"

"Sì" dice Alessandro.

"No, cioè solo qualche volta. Tiziana è una stilista. E

poi, per fare la modella, è un po' bassina" risponde

Valeria.

"Bassina?" fa Alessandro. "Ma è alta almeno un metro e settanta!"

"Appunto, troppo bassa" commenta Valeria.

"E' bella, vero?" interviene Richetti.

"Sì, molto bella, ma sembra anche…" dice Alessandro.

"Arrogante" completa la frase Richetti. "Come lo zio."

"Il signor Baruffi non è arrogante!" esclama Valeria.

Alessandro e Richetti la guardano sorpresi.

"Stai dicendo che Baruffi non è arrogante?"chiede Richetti.

"Sì, se uno lo conosce bene, cioè in fondo in fondo…"

Richetti scuote la testa e dice:

"Abbiamo capito, Valeria."

"No, non avete capito niente" fa lei con voce arrabbiata[angry]. Si alza.

"Io vado a fare una passeggiatina" dice. "Se resto, mangio. E se mangio, ingrasso."

"Hai mangiato solo un'insalata!" commenta Richetti.

Lei non risponde e se ne va.

"Quando lei ha parlato di Baruffi, tu hai detto: 'Abbiamo capito'. Ma io non ho capito" dice Alessandro.

"Beh, certo sei qui da poche ore. Il fatto è che Valeria è innamorata di Baruffi."

"Di quel tipo?"

"Sì, tante donne lo trovano affascinante, sai? E lei è una di quelle. Innamorata cotta^{in love}."

"Lui lo sa?"

"Credo. Forse sono anche stati insieme, ma questo non lo so di sicuro. So solo che…"

In quel momento Tiziana sta passando vicino a loro, insieme alle due ragazze. Tutte le persone nel bar le seguono con gli occhi. Tre ragazze, una più bella dell'altra, che camminano come delle modelle in passerella^{on the platform}.

Richetti saluta Tiziana. Lei mormora un: 'giorno', senza un sorriso.

In quanto ad Alessandro, lo ignora come aveva fatto la mattina.

"Antipatica" dice Alessandro. "Proprio antipatica."

Richetti sorride.

"Quest'ambiente è così... A poco a poco ti ci abitui^{to} _{get used to}. Forse." dice.

Capitolo 2: Luglio da Baruffi & Baruffi

Luglio, grande caldo.

Fa sempre molto caldo a Milano in luglio.

Eppure tutti in Italia vanno in vacanza ad agosto,

quando a volte piove e non fa più così caldo.

Prima di cominciare il lavoro, alle otto e quindici,

Alessandro è al bar e sta prendendo un caffè con

Richetti. E' diventato amico di quest'uomo. E' gentile

con lui e Alessandro lo trova molto simpatico. Richetti

è sempre gentile anche con Baruffi, mentre Baruffi

con lui spesso è scortese^{unfriendly}.

"Il negozio non chiude in agosto, vero?" chiede

Alessandro.

"No, da qualche anno non si chiude. Ci sono i turisti

in questa zona della città. Sai che Via

Montenapoleone fa parte del triangolo della moda di

Milano?

Il triangolo della moda

Milano, insieme a Parigi, è la capitale mondiale della moda.

Nelle sfilate di Milano, i grandi stilisti presentano i loro nuovi modelli.

Nel centro di Milano, vi è il "triangolo della moda": è la zona con i negozi di abbigliamento più raffinati (e più costosi!).

Tra le vie: Via Montenapoleone, Via della Spiga, Via Borgospesso, Via Gesù…

"Sì, per chi ha soldi" precisa Alessandro.

"Beh, sono gli stilisti, le firme, come si dice adesso le "griffe". La gente va matta per questo genere di cose, soprattutto le donne."

"Quelle con i soldi, che si possono permettere di spendere 500 euro per una camicia!"

"E anche di più!" esclama Richetti.

"A me dei vestiti firmati non importa niente" dice Alessandro. "In realtà dei vestiti in generale non m'importa niente."

"Peccato, perché hai un bel fisico. Sei alto, atletico…"

"Faccio tanto sport, corro, nuoto, per anni ho fatto basket."

"E sei giovane, io invece…"

"Quanti anni hai tu, Giorgio? (questo è il nome del signor Richetti)" chiede Alessandro.

"Quarantotto."

"E da quanto lavori qui?"

"Da vent'anni. Ma non ho cominciato da contabile. Prima facevo lo stilista."

"Lo stilista, tu, davvero?" esclama il ragazzo sorpreso.

"Sì, cioè, forse mi sono espresso^to express oneself male, ho cercato di fare lo stilista. Per qualche anno ho disegnato per Baruffi, ma i miei vestiti non gli piacevano. Mi ha detto: 'Tu non hai nessun talento per questo lavoro.' E allora mi ha proposto un lavoro amministrativo, e quindi … eccomi qua!"

"Ma ti dispiace non essere riuscito^{to manage to}?" chiede Alessandro.

Alessandro non completa la frase. Sono interrotti dall'arrivo di Valeria.

"Ehi ragazzi, come va?" domanda.

Alessandro si alza. Adesso che le sta vicino, vede che oggi è alta quasi come lui. Le guarda i piedi. Lei se ne accorge^{to notice}.

"Ho delle scarpe nuove, un sogno di scarpe!" esclama.

"Con un incubo^{nightmare} di tacco^{heel}, però" commenta il ragazzo. "Quanti centimetri sono?"

"Una… quindicina."

"Quindici centimetri? Stai scherzando? Come fai a camminare?"

"Non cammino, o meglio, cammino lentamente, molto lentamente."

Valeria si siede al bancone. E in quel momento entra Tiziana.

E' la prima volta che Alessandro la vede da sola. Fino ad allora l'ha sempre vista con lo zio o con modelle o con stilisti.

Tiziana saluta con un "Ciao a tutti" e si siede lontano da loro. Tiene in mano il cellulare.

"Non hai fatto progressi con lei, vero?" chiede Richetti. <

"Quali progressi? Non m'interessa" dice Alessandro.

"Hai già la ragazza?"

"No, non ho tempo per le ragazze."

"Dici sul serio?" fa Richetti.

"No, proprio no. Dico così per dire. Il fatto è che sono molto imbranato^{awkward}, sempre stato imbranato con le ragazze."

"Davvero? E sì che sei un bel ragazzo!"

"Mah, grazie, è quello che dice anche mia madre. Ma sai cosa dicono le mamme? 'Ogni scarafone^{cockroach} è bello a mamma sua.'

Richetti ride.

In ufficio Alessandro lavora al computer. Alle undici arriva il signor Baruffi.

"Ho bisogno di un favore" dice ad Alessandro.

"Mi dica…" risponde lui.

"Questa sera c'è un party. Viene gente famosa, molto famosa, gente del mondo della moda, e non solo. Io vengo alla festa naturalmente e anche mia nipote,Tiziana. Alle feste va sempre con il suo ragazzo, un modello che fa anche lo stilista. Forse lo conosci, si chiama Michael Ferro. Però adesso lui è in Giappone a seguire una sfilata. Mi segui?"

"Certo."

"Baruffi crede che siano tutti stupidi" pensa Alessandro.

Baruffi continua:

"Ecco, quello che ti chiedo è di accompagnare mia nipote alla festa."

"Io?"

"Sì, tu. Non sei brutto, non parli troppo, sai stare zitto quando devi, almeno mi sembra… E poi… non c'è nessun altro. Comunque devi fare poco, anzi pochissimo. Arrivi con Tiziana in limousine, scendete insieme dalla macchina, e alla festa le stai accanto. Sempre. La festa dura fino a notte tarda, ma tu puoi andartene anche alla una, alle due. Cosa ne dici?"

"Io… io…" Alessandro non ha proprio voglia di accompagnare Tiziana in una qualche festa di scimmie vanitose[vain] . Così Alessandro considera la gente che lavora nel mondo della moda.

"Non ho il vestito adatto" obietta.

"Questo non è un problema" dice Baruffi. "Puoi andare in negozio e scegliertene uno. Anzi… guarda, dico a Tiziana di aiutarti! E poi quel vestito te lo puoi tenere. Consideralo un compenso[reward] .

"Ma io…"

"Ok, è fatta. Giusto?"

Baruffi lo guarda negli occhi, e Alessandro capisce che non può dire di no. Perciò dice di sì:

"Va bene, signor Baruffi. Vado."

Una donna entra in quel momento nell'ufficio. Ha i capelli rossi e la pelle chiara.

"Forse un'altra delle modelle russe di Baruffi" pensa Alessandro. Ma quando parla si capisce che è italiana.

"Pietro, tesoro" sta dicendo.

"Caspita" pensa Alessandro, "chiama Baruffi per nome, nessuno chiama Baruffi per nome!"

"Vieni alla festa vero?" chiede lei.

"Certo che vengo, amore" fa lui. Le prende la mano e le dà un bacio.

"Chi è questo ragazzo?" chiede la donna.

"Lavora qui per un paio di mesi" risponde Baruffi.

"Ciao, io sono Camilla" dice lei ad Alessandro.

"Buongiorno" la saluta lui.

"Ah, non darmi del lei!" ride Camilla. "Guarda che non sono tanto più vecchia di te…"

"Camilla, dai, andiamo…" le dice Baruffi, che sembra seccato[annoyed].

Appena il signor Baruffi esce dall'ufficio, entrano Richetti e Valeria.

"Abbiamo sentito tutto" dice Valeria.

"Sì, tutto" ripete Richetti.

"Sei contento?" chiede Valeria.

"No, per niente" risponde Alessandro e poi domanda:

"Tu vieni, Valeria?"

"No, purtroppo no" fa lei.

Alessandro vede che ha gli occhi umidi[moist].

"No, hai visto che ha una nuova girlfriend?" aggiunge lei.

"Ah, è la sua ragazza! Ma se ha la metà della sua età…"

"E' normale" fa Richetti.

"Richetti ha ragione. E' normale. Richetti ama i giovani" spiega Valeria.

"Ti dispiace molto?" le chiede Alessandro.

"No, non m'importa" dice lei e se ne va.

"L'ho sentita litigare[to quarrel] con quel mostro" fa Richetti. "Lei è una delle nostre pr, ma lui non la fa mai andare alle feste. Pensa che le ha detto che è troppo vecchia e brutta per questo genere di cose."

"Vecchia e brutta?" esclama Alessandro. "Ma Valeria è una donna molto bella!"

"Sì, però Baruffi non lo vede, o forse… ma chi sa cosa pensa Baruffi… Io so solo che si comporta sempre male con tutti. Forse gli piace far soffrire la gente."

Capitolo 3: La festa

21 luglio, in una delle ville più eleganti di Milano, dietro a Piazza della Scala, si svolge la festa della moda d'estate.

Alessandro è davanti al negozio Baruffi & Baruffi.

Sono le dieci di sera e il negozio è chiuso. Lui guarda la sua immagine riflessa[reflected] nella vetrina. E non riconosce quel ragazzo vestito in modo così elegante…

Scuote la testa.

"Festa elegante" pensa "vestiti eleganti, gente elegante… elegante elegante… proprio a me. Io odio tutto questo."

Alle dieci e dieci arriva la limousine. Lui sale. Lei, Tiziana, è già seduta all'interno.

"Ciao" fa lui.

"Ciao" risponde lei. Ha in mano un cellulare. Legge e digita, tutta concentrata.

Due minuti, e sono davanti a una bella villa con un giardino così grande da sembrare un parco.

Tante luci, tanta gente.

Tiziana e Alessandro scendono dalla limousine.

Camminano l'uno accanto all'altra. Illuminati dai flash delle macchine fotografiche. Tiziana sorride, Alessandro tiene la testa bassa.

Appena prima di entrare, un giornalista gli chiede: "Ci dice il suo nome?"

Lui non risponde.

La festa comincia.

Sono passate due ore.

Lui è sempre accanto a Tiziana. Hanno incontrato decine di persone: stilisti, modelle, attori, cantanti… Tiziana conosce una gran parte di questi. Alessandro nota che con loro è divertente e spiritosa[witty]. Con lui invece non parla. Gli presenta le persone, ma niente di più.

Quando Tiziana si ferma a parlare con il signor
Baruffi, questi chiede ad Alessandro se va tutto bene.

"Sì, tutto bene" risponde Alessandro.

"Sì, perfetto" fa lei. "Il ragazzo si comporta bene. Senti
zio, ti devo parlare."

"Qui?" chiede lui

"Sì, qui e adesso."

Alessandro capisce e dice che va a mangiare qualcosa.
Lascia Tiziana e suo zio a parlare in un angolo e lui
prende qualcosa da mangiare al buffet. Beve anche
un bicchiere di spumante.

Spumante

In inglese si chiama "sparkling wine", in italiano
spumante, in francese champagne.

Lo spumante è di solito "bianco", ma esistono
anche dei tipi di spumante rosé.

Lo spumante può variare da essere molto secco a
secco fino a delle varietà "dolci".

I classici dello spumante sono il Berlucchi, il
Ferrari e il Franciacorta.

Poi, con il bicchiere in mano, esce nel giardino.

Qui vede Baruffi e Camilla seduti su una panchina.

"Accidenti!" pensa. "Non si può stare tranquilli da nessuna parte." Sta per rientrare, ma rientrano prima loro. Prima Camilla e poi Baruffi. Non lo vedono perché nel giardino fa buio.

Alessandro cammina nel giardino.

Fa caldo e c'è un grande silenzio. Al centro del giardino c'è una fontana. Intorno alla fontana delle statue.

Alessandro si guarda intorno.

"Deve essere una cosa fantastica abitare qui" pensa.

Si siede davanti alla fontana del giardino e pensa: "Che mondo pazzesco! Tutti belli, tutti perfetti, tutti… finti^{false}."

Poi guarda l'orologio: sono le una.

"Per me è ora di tornare a casa" pensa. "Domani mi devo alzare alle sette. Baruffi non mi ha detto che posso andare più tardi al lavoro."

Sta per rientrare nella sala quando vede Tiziana.

Viene verso di lui.

"Sto andando via" dice Alessandro.

"Adesso?" chiede lei.

"Sì, tuo zio mi ha detto che posso…" Non completa la frase. Vede che Tiziana ha una faccia strana, diversa dal solito.

"Cosa c'è? E'successo qualcosa?" domanda.

La risposta è uno scoppio di pianto^{burst of wheeping}.

"Ehi, cosa c'è?" ripete lui.

"Sono… sono… "

"Triste?"

"Disperata. Mi è caduto il mondo addosso. "

"Quale mondo? Questo?" dice Alessandro indicando la sala della festa.

"No, il mio mondo, i miei sogni…"

Alessandro non dice niente.

"Ah, tu non puoi capire!" esclama Tiziana.

Alessandro risponde arrabbiato.

"Cioè? Credi che solo tu hai dei sogni? Credi che gli altri non possano capire i sogni?"

"No, non credo, cioè, forse non ci ho mai pensato."

"Ok, non ci hai pensato. Sappi però che anche gli altri hanno dei sogni, sai?"

"Sì, ci credo" dice lei seria. "Però… io ero vicina alla realizzazione del mio sogno. Almeno credevo. Ho cominciato a lavorare per lo zio perché volevo delle cose, ma lui…"

"Quali cose?"

"Io voglio, ho sempre voluto fare la stilista. Ho disegnato una parte dei modelli della collezione inverno dell'anno prossimo e l'ho portata allo zio. E sai cosa mi ha detto? Che sono orribili, che non vanno, che sono vecchi. Zero idee, zero creatività, zero tutto. E io che pensavo, che credevo…"

"Ma l'opinione di tuo zio è così importante?" chiede Alessandro.

"E' lui che mi può dare il lavoro."

"Non è l'unico stilista al mondo!" esclama Alessandro.

"Non capisci. E' lui che io conosco, che mi vuole bene, lui dice… diceva che era disposto^{willing to} a fare di tutto per me. Ma i miei vestiti… Oh, mio Dio, sono una fallita^{loser}."

"Sciocchezze!"

"Cosa vuole dire?"

"Vuol dire che non puoi fidarti^{to trust} dell'opinione di una persona sola. Anche se è tuo zio e anche se gli vuoi bene."

Lei non risponde. Alessandro la guarda.

"Ok, io vado. Ci vediamo al negozio" dice.

"No, aspetta! Vengo via anch'io."

"Non vuoi salutare tuo zio?" chiede il ragazzo.

"Anche lui se n'è andato. Ha detto che aveva un appuntamento ed è uscito."

"Un appuntamento alle due di notte?"

"Ah, non è così strano. Lui ha appuntamenti nei posti e agli orari più strani…"

"Chiamo un taxi. Vuoi un passaggio^{a lift}?"

"Ok, ma abito un po' lontano."

"Non importa. Paga Baruffi & Baruffi."

"Ok."

Tiziana si appoggia^{to lean on} al braccio di Alessandro.

Lui la guarda sorpreso.

"Ho i tacchi alti, non riesco a stare in piedi per tante ore!" dice.

Alessandro sorride.

"Voi e i vostri tacchi di quindici centimetri!"

"No, questi sono solo dieci."

"Ah, dieci... proprio scarpe comode, sportive, direi..."

Tiziana ride. Anche lui ride.

"Sei carino quando ridi. I denti sono tuoi?"

"No, li ho comprati. Certo che sono miei! Cosa vuoi dire?"

"Tanti se li fanno togliere^{to remove} per metterne di più belli."

"I tuoi sono veri?"

"Sì, è tutto vero. Per ora. Nel mio ambiente tanti sono rifatti, cioè si rifanno naso, seno, pancia eccetera. E poi... Ah, ecco il taxi!"

Appena salgono sul taxi, suona il telefono di Tiziana.

Alessandro dice al tassista il suo indirizzo, mentre lei

parla al cellulare a monosillabi^{monosyllabic words}.

"Quando? Sì… sì… va bene… d'accordo" dice.

Finita la telefonata, Alessandro le dice che lui è quasi

arrivato.

"Bene, perché io devo tornare in centro" fa lei.

"Adesso?" chiede lui sorpreso. "Sono le due di notte."

Lei fa un sorriso. Sembra felice adesso.

"Sì, un appuntamento notturno."

Alessandro la guarda mentre armeggia^{to bustle} ancora

con il cellulare.

I capelli neri sulle spalle, la pelle trasparente^{transparent},

gli occhi grandi ed espressivi.

"Sembra una dea^{goddess}" si dice Alessandro.

Quando la saluta, allunga la mano verso di lei. Ma lei

sporge il viso verso di lui e lo bacia sulla guancia.

Alessandro scende; il taxi prosegue con Tiziana a

bordo.

La mattina dopo arriva al bar vicino all'ufficio alle otto e venti.

Da quando ha cominciato a lavorare si trova con Richetti a prendere il caffè, ma oggi non c'è.

"Ieri mi ha detto che non si sentiva bene. Forse oggi rimane a casa" pensa Alessandro.

Beve il caffè, e alle otto e ventotto è davanti all'ufficio.

"L'ufficio però è chiuso se non c'è Richetti" pensa. "Io non ho le chiavi."

Mette la mano sulla maniglia^{handle} della porta che... si apre.

Alessandro entra, percorre il corridoio, entra nel suo ufficio.

"Signor Richettiiii" chiama. "E' qui?"

Non risponde nessuno.

Esce dal suo ufficio e va nell'ufficio di Richetti. Vuoto, come immaginava. Accanto all'ufficio di Richetti si trova l'ufficio del signor Baruffi. Dall'ufficio di Richetti Alessandro vede che la porta è aperta.

"Non ho mai visto la porta del signor Baruffi aperta.

Vado a vedere" pensa.

E quello che vede è uno schock!

Il signor Baruffi è per terra. Sembra dormire, ma non

dorme.

Una grossa macchia^{spot} di sangue sta tutt'intorno alla

sua testa.

Il signor Baruffi è morto.

Dieci minuti dopo nel negozio di Baruffi c'è la polizia,

e con la polizia tanta altra gente: giornalisti, fotografi,

curiosi…

La polizia interroga Alessandro e interroga anche

le altre persone che lavorano nel negozio.

E l'indagine^{investigation} comincia.

Capitolo 4: Due giorni dopo

Il signor Baruffi non è morto di mattina, ma di notte.

Secondo l'autopsia[autopsy] l'omicidio è avvenuto[to happen] tra le due e le quattro di notte.

Arma del delitto[murder weapon]: un coltello o qualcosa del genere.

Non era nella stanza e la polizia non l'ha trovata.

La polizia ha interrogato a lungo Alessandro.

"Dov'era la notte dell'omicidio?" gli hanno chiesto.

"A casa."

"Qualcuno può testimoniarlo[did anyone witness it]?"

"Sì, mia madre. Mia madre era a casa e mi ha visto arrivare dalla festa."

La madre? Non è un grande alibi. E Alessandro lo sa.

Ma Alessandro non ha neppure un movente[motive].

Perciò l'attenzione della polizia si sposta[to move] da lui ad altre persone. Persone che avevano interesse o motivo di uccidere il signor Baruffi.

Tre donne: Camilla, la ragazza di Baruffi, Tiziana, la nipote dell'uomo e Valeria, l'ex fidanzata. Tutt'e tre arrabbiate con Baruffi, tutt'e tre senza alibi.

Per tre giorni Alessandro non va al lavoro. L'ufficio è chiuso e anche il negozio.

Sta a casa e cerca di studiare. In settembre ha un esame importante all'università dove frequenta ingegneria elettronica.

Ma non riesce a concentrarsi, continua a pensare al delitto, al morto che ha trovato e a... Tiziana. Quella sera Tiziana era arrabbiata con lo zio, quella stessa sera è andata al negozio a incontrare qualcuno, forse proprio lo zio. Quella sera forse lei ha... ucciso lo zio. Può essere capace di uccidere?

"E che ne sai tu?" si risponde Alessandro ad alta voce.

"Tu non la conosci, che ne puoi sapere?"

Quella mattina stessa Alessandro riceve una telefonata da Richetti.

"Domani si ricomincia a lavorare" gli dice.

"Ah sì, anche adesso che Baruffi non c'è più?"

"Sì, che cosa credi? Morto lui, si chiude il negozio?

No, la grande baracca va avanti."

"Chi è il capo adesso?" chiede Alessandro.

"E chi lo sa? Soci^{partners}, parenti, io non mi interesso di

queste cose. So solo che si torna al lavoro."

"Richetti…"

"Sì?"

"Ti dispiace che Baruffi sia morto?"

"Sinceramente no. "

"Non ti dispiace per niente?

"No, Baruffi era un uomo odioso. Non mi dispiace che

sia morto."

Il giorno dopo Alessandro è in ufficio.

Richetti è già lì, Valeria invece non è ancora arrivata.

L'ufficio del signor Baruffi è chiuso.

Alessandro si mette subito al lavoro. Dopo qualche

minuto però si alza e va nell'ufficio di Baruffi, ma lo

trova chiuso. La porta è sbarrata da strisce^{stripes}

gialle.

Richetti, che è seduto alla sua scrivania, gli dice che la polizia sta indagando.

"Le strisce gialle le ha messe la polizia. Lì non si può entrare. Perché volevi vedere?"

"No assolutamente no, meglio così. Continuo a pensare a quando l'ho trovato, al sangue, al…"

"Ah è vero. Sei tu che lo hai trovato."

"Sì, io."

"Ah Alessandro, povero ragazzo!" E' la voce di Valeria che è entrata in quel momento e che ha sentito l'ultima frase. Lo abbraccia.

Alessandro vede che ha una faccia pallida e delle profonde occhiaie^{eye sockets}.

Per lei non deve essere come per Richetti. E' chiaro che a lei la morte di Baruffi dispiace.

"Siete venuti a lavorare?" chiede la donna. "Non è un po' presto? La polizia sta ancora indagando. Ieri hanno guardato dappertutto per trovare l'arma del delitto. Credevo che fossero qui anche oggi…"

"Mi ha chiamato il socio di Baruffi, il signor Greco"
dice Richetti. "Mi ha chiesto di venire."

"Capisco, allora vuol dire che la polizia ha finito" fa
Valeria.

Nel corso della mattina i poliziotti entrano nell'ufficio
due volte.

Uno di loro dice che stanno ancora cercando l'arma
del delitto; hanno già perquisito$^{\text{to search}}$ tutto il piano,
l'ufficio di Baruffi naturalmente, quello di Richetti, di
Valeria e di Alessandro, il bagno. Non hanno trovato
niente.

Adesso stanno perquisendo il negozio.

Alessandro torna alla sua scrivania, ma non sono
passati che dieci minuti che entra Tiziana. Ha una
faccia sconvolta^{upset}. E non è elegante come al solito.

Indossa una maglietta bianca e dei jeans.

Alessandro pensa che così, pallida e vestita in modo
semplice, è più bella che mai.

Entra nel suo ufficio e si siede davanti a lui.

Non parla. Lo guarda, gli occhi rossi e gonfi^{swollen}, forse di pianto.

"Come stai?"chiede lui.

Vorrebbe alzarsi e abbracciarla, ma non può. Non lì, non in quel momento. E poi a lei non dispiacerebbe? Lei è abituata a gente ricca, gente "su", e lui non è che uno... studente.

"Sto bene, cioè no, non molto bene" risponde lei.

"Ti dispiace per ... tuo zio?"

"Sì, mi dispiace molto. Io gli volevo bene. Da quando mio padre se n'è andato, lui è sempre stato una specie di padre per me..."

Tiziana sta in silenzio adesso, e Alessandro si sente di dire qualcosa:

"Anch'io vivo solo con mia mamma. Mio padre è morto anni fa."

Tiziana mormora un "Mi dispiace" e si alza.

"No, aspetta!" dice Alessandro. "Volevo chiederti... come sei messa con....? Cioè la polizia? Sei... ?"

"Capisco quello che vuoi dire" replica lei. "Vuoi sapere se la polizia mi sospetta. La risposta è sì, la polizia pensa che lo abbia ucciso io… E per di più sono stata l'ultima a vederlo vivo."

Tiziana piange.

In quel momento entra Valeria.

"Ha sentito tutto" pensa Alessandro. "Sono sicuro che ha sentito tutto. Qui tutti sentono tutto."

"Mi dispiace" dice Valeria e l'abbraccia.

Ma Alessandro vede la sua faccia e capisce che non è vero, che non le dispiace per niente per Tiziana.

Sono le dodici e mezzo, l'ora della pausa. Richetti entra nell'ufficio di Alessandro.

"Vieni al bar come sempre?" chiede.

"Veramente Alessandro ha promesso di pranzare a me" dice Tiziana che è entrata in quel momento.

Alessandro non ha promesso niente, ma dice lo stesso di sì.

Ed escono insieme. Camminano verso i giardini. Comprano un gelato. Tiziana fuma una sigaretta.

E' nervosa e parla tanto. Parla della sua vita, di come adesso non sa come continuare.

"Ora però forse puoi proporre i tuoi modelli per la collezione di inverno al socio di tuo zio" suggerisce Alessandro.

"Sì, se non mi arrestano prima."

"Ma no, che sciocchezza! Come puoi pensare una cosa del genere?"

"La polizia mi crede colpevole^guilty."

"Non posso crederci."

"E invece sì. E' un mondo di bastardi!"

Alessandro la guarda. Adesso su quel viso pallido e angosciato^anguished si è dipinta un'espressione di odio e di rabbia.

E Alessandro si chiede se Tiziana non sia effettivamente capace di uccidere…

Capitolo 5: Il nuovo capo

Sono le otto e mezzo, Alessandro arriva puntuale come sempre ma, quando entra nel suo ufficio, ha una sorpresa: qualcuno è seduto sulla sua sedia alla sua scrivania. E' un uomo con i capelli bianchi e il viso abbronzato^{tanned}.

Alessandro sta a guardarlo mentre lavora a un computer portatile.

Non lo guarda, non parla.

"Mi scusi" dice. "Dov'è il mio computer? Questo è…"

"Sì, lo so, il tuo ufficio, era il tuo ufficio. Adesso è il mio ufficio. Devo usare questo perché quello di Baruffi è ancora chiuso."

Non smette di lavorare, continua a digitare e a guardare lo schermo del computer.

"Io sono Giorgio Greco, il socio di Baruffi" dice.

Non gli dà la mano, non sorride neppure.

"Se Baruffi era un maleducato^{rude}, questo è ancora peggio" pensa Alessandro.

In quel momento entra Richetti nell'ufficio.

"Tu puoi venire a lavorare nel mio ufficio, Alessandro" gli dice. "Abbiamo già portato il tuo computer lì."

"Ok" risponde il ragazzo.

Adesso Alessandro lavora nell'ufficio di Richetti.

Hanno la scrivania uno di fronte a quella dell'altro.

Nella pausa Tiziana non si fa vedere, Alessandro chiede a Richetti se vuole andare con lui a mangiare, ma Richetti dice di no. Si alza. Ha in mano una grossa busta^{envelope}.

"Ho delle cose da fare" dice.

"Per Greco?"

"Sì, per lui" risponde Richetti

Al bar Alessandro vede Tiziana insieme a Greco.

Si avvicina per salutarla, lei alza la mano e fa ciao.

"Ok, non mi vuole vicino" pensa Alessandro e si siede a un tavolo lontano.

Dopo qualche minuto arriva Valeria e poco dopo Richetti. Vede Tiziana al tavolo con Greco e commenta:

"Suo zio è appena morto e lei già è partita all'attacco."

"Cosa vuoi dire?" chiede Alessandro.

"Lascia stare! Ho capito che a te quella piace."

"Non essere così cattivo! Dopo tutto anche lei ha le sue ambizioni."

"Cosa vuoi dire?"

"Beh, Tiziana vuole fare la stilista. Ha disegnato i modelli per la collezione invernale, ma lo zio non li ha voluti."

"Davvero?" esclama Richetti.

"Davvero?" fa Valeria.

"Accidenti!" pensa Alessandro. "Forse non dovevo dirlo."

Era sicuro che lo sapessero… dopotutto Tiziana lavora, lavorava per lo zio.

"Hai visto i modelli?" chiede Richetti.

"Certo che no" fa Alessandro. "Io non ci capisco niente di moda."

"Ma tu che cosa studi?" domanda Valeria.

"Ingegneria elettronica" risponde Alessandro.

"Ah! E perché lavori in un'agenzia di moda?"

"Perché ho studiato alle scuole superiori un po' di contabilità e ho lavorato come contabile in estate. Ho trovato questo lavoro. Avevo bisogno di soldi."

"Quindi nella tua vita vuoi fare l'ingegnere, non lo stilista?"

"No, io odio questo vostro mondo della moda. Senza offesa."

Richetti sorride.

"No, meglio così" dice. "Io amo questo mondo e lo odio nello stesso tempo. Ti ho detto che volevo fare lo stilista, ma non sono riuscito."

"E Tiziana ha studiato per diventare stilista, lo sapete?" chiede Alessandro.

"A quanto so" risponde Valeria "ha fatto l'accademia delle Belle Arti. Deve essere una pittrice[painter] o qualcosa del genere."

Tiziana si sta alzando in quel momento insieme a Greco. Lui le mette una mano sulla spalla.

Passano accanto a loro senza guardarli.

Alessandro segue Tiziana con la sguardo mentre si allontana.

"Bellissima e … impossibile" pensa.

Capitolo 6: L'arma del delitto

Il giorno dopo Alessandro entra in ufficio e non vede Richetti e Valeria.

Dopo qualche minuto entrano insieme.

"Hanno trovato l'arma del delitto" annunciano.

"L'arma del delitto? Dove?" chiede Alessandro.

"Nella macchina di Tiziana" risponde Valeria.

"Nella macchina di Tiziana? Oh mio Dio, ma allora adesso la polizia la considera colpevole."

"Credo proprio di sì" dice Richetti.

"Proprio così. E, scusa se te lo dico, non mi dispiace per niente" fa Valeria.

"Ci ha sempre trattati come delle merde, sai?" aggiunge Richetti.

"Adesso dov'è?" domanda Alessandro.

"Al commissariato^{police station}, naturalmente" replica Valeria."

"Povera Tiziana" si dice Alessandro, e tutta la mattina non fa che pensare a lei.

Di pomeriggio riceve una telefonata in ufficio.

E' sorpreso. Nessuno gli telefona mai in ufficio. In realtà non gli telefona mai nessuno (sul cellulare) se non sua mamma e il suo amico, suo unico amico, Stefano.

"Ciao Alessandro."

Riconosce subito la voce: è Tiziana.

"Devo parlarti" dice.

"Sono in ufficio" risponde lui.

"Lo so. Infatti ti sto telefonando in ufficio."

"Non puoi venire qui?" chiede lui.

"No, non posso. Non voglio farmi vedere in ufficio" risponde lei.

"Quando?" domanda Alessandro.

"Adesso."

"Non posso. Sto lavorando."

"Trova una scusa!" suggerisce Tiziana. "Di' che è un'emergenza, non so… che tua madre si sente male… qualcosa del genere."

Alessandro esita.

"Io… veramente…"

"Ti prego, Alessandro. E' davvero importante e io non so a chi chiedere. Ti prego."

Come può dire no a Tiziana? Nessuna ragazza gli è mai piaciuta tanto quanto lei.

"Ok" le dice. "Dove ci incontriamo?"

"Davanti al Castello Sforzesco, da lì possiamo andare a piedi al parco Sempione."

"D'accordo" fa lui.

Mezz'ora dopo Alessandro è davanti al Castello Sforzesco.

Tiziana lo sta aspettando, seduta su una panchina.

Quando arriva lo abbraccia e lo bacia.

Alessandro, arrossisce, confuso e imbarazzato.

"Sai cos'è successo?" gli dice Tiziana.

"Sì, lo so. Hanno trovato l'arma del delitto nella tua macchina."

"E io non capisco come sia finita lì, mi credi?"

"Sì, ti credo" replica lui convinto. "Non credo che tu abbia ucciso tuo zio. Anche se hanno trovato l'arma del delitto nella tua macchina…"

"Pensi che sia così stupida da lasciarla nella mia macchina?"

"No, tu non sei stupida."

"Grazie."

"E allora… Mi hai fatto venire qui per chiedermi…?"

"Se puoi aiutarmi."

"Non vedo come" dice Alessandro.

"Devi scoprire chi è il colpevole."

"Indagare quindi… Ma chi credi che io sia? Un detective privato?"

"Sei un ragazzo intelligente, uno che capisce le cose. Tu puoi, ti prego, devi aiutarmi. E poi io ho dei sospetti^{suspicions}."

"Dei sospetti? Su chi?"

"Su Valeria. Io so che mio zio l'ha vista quella sera."

"Come fai a saperlo?"

"Ti ricordi che ti avevo detto che lo zio quella sera aveva un altro appuntamento? Ecco, quell'appuntamento ero con Valeria, me lo aveva detto lui stesso."

"Hai detto questo alla polizia?" domanda Alessandro.

"Sì che gliel'ho detto, ma non mi hanno creduto."

"E lei?"

"Lei nega$^{\text{to deny}}$ naturalmente e si è trovata anche un alibi."

"Quale alibi?"

"Dice che è stata con Richetti tutta la notte. Ma io non ci credo. A lei non piace Richetti, non le è mai piaciuto."

"Io so che sono amici!" esclama Alessandro.

"Sì, so anch'io che sono amici. Ma quando dico che non le piace, intendo dire che non le piace come uomo. Gliel'ho sentito dire diverse volte. Lui invece per lei va matto. E sono sicura che non hanno detto la verità, che nessuno dei due ha detto la verità."

"Ma perché lei...? Voglio dire... quale può essere il suo movente?"

"Questo è chiaro come il sole. Valeria era innamorata dello zio, è sempre stata innamorata, lui è uscito con lei per qualche mese e poi... poi l'ha buttata via$^{\text{to throw}}$

^{away} come una scarpa vecchia. Come fa sempre, come ha sempre fatto."

"Beh, questo è un punto di partenza" dice Alessandro.

"Quindi mi aiuti."

"Sì, ti aiuto. Però tu…"

"Quello che vuoi. Se trovi il colpevole ti do quello che vuoi, Alessandro."

E lì su quella panchina, Tiziana gli dà un bacio, non un bacio sulla guancia, ma un bacio sulle labbra caldo e appassionato.

Capitolo 7: Donne bellissime

Il giorno dopo in ufficio Alessandro lavora di nuovo insieme a Richetti. Nel suo ufficio c'è sempre Greco. Questi, diverse volte, entra nel loro ufficio per chiedere informazioni.

Alessandro non vede Valeria invece.

"Dov'è Valeria?" chiede.

"Oggi deve essere da Marirosa, la stilista" risponde Richetti.

"Ah, è sempre in giro" commenta Alessandro. "Ieri pomeriggio era da Cristina P."

"Già, è tornata a fare il suo lavoro da pr" spiega Richetti. "Da quando Baruffi è morto, ha di nuovo responsabilità in questa azienda. Il signor Greco qui non è tanto simpatico, ma almeno sembra più disposto a dare fiducia^{to trust} alla gente. A me per primo."

"Veramente?"

"Sì, da quando c'è lui sono tornato ai grandi progetti."

"Cioè?"

"Qualcosa che…" Richetti esita e poi decide di non concludere la frase.

"Te ne parlo in un altro momento" dice.

Ma Alessandro vuole sapere di Valeria.

"A te piace Valeria?" chiede.

"Sì, è una bella donna, di classe…" risponde Richetti.

Qualche secondo di silenzio.

"Tu … tu… hai avuto… cioè…" Alessandro è imbarazzato: non parla mai di queste cose con nessuno. "Cioè… ci sei stato… insieme?"

"Insieme? No. Oh no, purtroppo no. Hai visto me e hai visto lei, come puoi pensare una cosa del genere? Io e lei siamo amici, questo sì, ma niente di più. E poi…" Si interrompe.

"Ma perché me lo chiedi?"

"Beh, così… Sai, la polizia ha fatto tante domande. Forse ha chiesto qualcosa a proposito di Valeria e tu…"

Richetti lo guarda sospettoso. Sta per parlare, ma in quel momento entra Greco.

"Richetti, per quella cosa, se vuoi, adesso ho un momento" gli dice.

Richetti si alza e lo segue nell'altro ufficio.

Alessandro pensa a quello che ha detto Richetti: Valeria gli piace, ma lui non si considera degno delle sue attenzioni, forse perché lui è un uomo normale, bruttino, non di successo… In quell'ambiente queste cose contano più di qualsiasi altra.

Quindi Tiziana può avere ragione, forse Richetti ha mentito^{to tell lies} per Valeria. Lei gli ha chiesto di dire che sono stati insieme tutta la notte e lui lo ha fatto.

E' vero che sono solo amici, ma lei è una bella donna e per una bella donna un uomo, soprattutto un uomo come Richetti, fa di tutto. Alessandro sorride. D'altra parte è proprio quello che lui sta facendo adesso per Tiziana!

Nell'ora di pausa al bar, come sempre, Alessandro vede Greco con l'ex girlfriend di Baruffi, Camilla.

"Eccola!" esclama Richetti. "Non si è fatta vedere per giorni."

"Forse è in lutto^{mourning}" dice Alessandro.

"In lutto quella? Sciocchezze. Quelle non sono mai in lutto."

"Quelle chi?"

"Quelle che stanno con i ricchi per interesse. Adesso che ne ha perso uno, sta cercando di prendersi l'altro. Ma non so se a Greco piacciono le donne."

"Tu credi?"

"Ti dico solo questo: nessuno lo ha mai visto mai con una donna."

"Ah ah."

Alessandro guarda Camilla. Sorride in modo sensuale a Greco che però sembra totalmente indifferente.

"Secondo te può essere lei l'assassina di Baruffi?" chiede a Richetti.

"Lei? Noooo. Ma non hai ancora capito? L'ha ammazzato Tiziana. Ma perché mi chiedi questo?"

"Beh, così. Stavo pensando… Forse avevano litigato, forse…"

"Sì, tutto può essere" dice Richetti. "Però ti ripeto: la polizia ha trovato l'arma del delitto nella macchina di Tiziana. E' lei la colpevole."

"E tu ne sei così sicuro?"

"Sicuro, no, però… Oh, ecco la nostra Valeria!"

Valeria è entrata in quel momento nel bar. Va direttamente al tavolo dove sono seduti Greco e Camilla, parla brevemente[briefly] a Greco e poi va al tavolo di Alessandro e Richetti.

Ha un grande sorriso dipinto in faccia.

"Vedo che le cose stanno andando bene" le dice Richetti.

"Molto bene" fa lei.

"Allora Baruffi non ti manca così tanto!" esclama Alessandro.

Lei gli scocca un'occhiataccia[to shoot a glance], ma non dice niente.

"Questo pomeriggio puoi venire nel mio ufficio, Alessandro? Dobbiamo fare del lavoro insieme."

"Certo" fa Alessandro. E tra sé:

"Speriamo che possiamo parlare, così posso scoprire qualcosa d'interessante."

Di pomeriggio lui e Valeria lavorano insieme.

"Ti devo far vedere il file della contabilità riguardo gli acquisti^purchase" gli dice Valeria. "Da ora in poi se ne occupa l'ufficio contabilità."

"E fino adesso te ne sei occupata tu?"

"Sì, ma il signor Greco non vuole. Dice che io devo fare solo pubbliche relazioni." Grande sorriso.

"Sei contenta?"

"Molto contenta. Questo lavoro di contabilità non mi piaceva per niente, ma Baruffi, da quando… cioé lui… Beh, questo Greco è molto più disponibile verso lo staff."

"Capisco."

"Lo dici in modo strano" fa Valeria.

"No, è che sono sorpreso. Io pensavo che tu amassi Baruffi."

"Io ho amato Baruffi, ma lui mi ha sempre trattato[to treat] così male..."

Riprendono a lavorare.

Alle cinque hanno finito. Alessandro si alza. Fa qualche passo verso la porta, ma torna indietro. In piedi davanti a Valeria.

"Cosa c'è, Alessandro?" chiede lei.

"Io so che tu eri nell'ufficio di Baruffi la notte del suo omicidio" dice Alessandro.

Valeria diventa pallida. I suoi occhi si fanno grandi, mette una mano sulla bocca, e la mano trema come una foglia[to tremble].

"Chi te lo ha detto?"

"Lo so."

"Te lo ha detto qualcuno. Chi?"

Qualche secondo di silenzio.

"Maledetto Richetti! Non ci si può fidare più di nessuno. Dicono che sono tuoi amici e invece…" esclama lei.

Alessandro la guarda senza parlare.

"Ma a te che importa?" fa Valeria.

"Io credo…"

"Tu non credi niente, ragazzo."

Valeria si alza in piedi, adesso sembra un'altra persona.

Gli occhi verdi sono ancora grandi, pieni di rabbia.

"Sei un impiccione^{nosy}" gli sussurra. "Sei un bastardo come tutti quelli che lavorano qui. Ma io non mi faccio mettere in mezzo$^{\text{to involve}}$, cosa credi?"

Gli stringe il braccio con la mano destra.

"Oh Dio, adesso mi picchia!" pensa Alessandro.

Invece no, non lo picchia. Gli dice solo:

"Vuoi sapere la verità? Questa è la verità. Quella notte io non ero qui, non ero con Baruffi, ero con Richetti. A letto. Hai capito?"

"Sì, ho capito."

Lei si avvicina e gli sussurra in un orecchio.

"E se parli con qualcuno di questa storia, se solo io sento una parola di questa storia, Baruffi non sarà l'unico morto qui."

Alessandro torna in ufficio. Si siede e pensa.

"Accidenti! Tiziana ha ragione. Ha ragione in due cose: Richetti ha mentito per Valeria e Valeria potrebbe essere l'assassina."

Richetti sta lavorando al computer. Quando vede Alessandro gli chiede se ha finito il lavoro con Valeria.

"Sì" risponde Alessandro.

"Cos'hai?" domanda Richetti. "Sembri sconvolto."

"Sono sconvolto" pensa Alessandro. "Per la prima volta nella mia vita qualcuno mi ha minacciato di morte." Ma ad alta voce dice solo:

"No, tutt'ok. Sono solo un po' stanco."

"Ah, se lo dici tu."

Richetti sorride. Sembra contento in questi giorni.

"Tra mezz'ora finiamo qui. Vuoi bere un aperitivo?"

"No, grazie, devo andare. La mamma mi aspetta.

Capitolo 8: L'appuntamento perfetto

Alessandro esce. Ma non c'è sua mamma ad aspettarlo.

L'appuntamento è invece con Tiziana. A casa sua.

"Vieni da me" gli ha detto. "E' meglio che non ci vedano insieme."

Tiziana abita vicino a Piazza Conciliazione nella zona ovest della città. E' una zona piena di ville e palazzi d'epoca, per questo è chiamata la "zona Liberty".

L'appartamento di Tiziana si trova al secondo piano di uno di questi palazzi ed è un appartamento carino a due stanze con un piccolo balcone.

Appena entra, subito gli chiede se ha saputo qualcosa.

"Sì, ho parlato con Valeria. Avevi ragione."

Alessandro racconta a Tiziana quello che ha saputo.

"Ah, benissimo!" fa lei.

"Posso anche dirlo alla polizia" spiega Alessandro.

"Ma è comunque la mia parola contro la sua."

"E allora?" fa Tiziana che sembra delusa^{disappointed}.

"Allora devo continuare a indagare. Anche se quella donna mi fa paura. Sai che mi ha minacciato ^{to}

threaten?"

"Davvero? Accidenti, è proprio una pazza! Ehi, senti... Vuoi bere qualcosa?"

"Sì, grazie."

Tiziana prende dal frigorifero una bottiglia di spumante di marca.

"Lo apri? Per noi?" domanda Alessandro.

"Certo, perché no?"

Bevono insieme, lei si accende una sigaretta.

"Dai, raccontami di te!" dice. "Sei qui con me e io non so niente di quello che fai nella vita, di quello che sei..."

"Non c'è molto da dire."

"E daiii!"

Tiziana ride.

"Sei timido, eh?"

Alessandro pensa che quando ride sembra una ragazzina.

"Beh, frequento l'università, studio ingegneria…"

"Roba seria, eh?"

"Elettronica."

"E sei bravo, vero? Hai la faccia di uno che ha passato la maturità con cento[mark of the Maturità (final exam at the italian high school)]."

"Novantasei."

"Ecco, lo sapevo!" esclama Tiziana.

"Mi piace la matematica, la fisica, mi piacciono le macchine…" continua Alessandro.

"Come a me piacciono i vestiti."

"Sì, credo."

"Mi sono sempre piaciuti i vestiti. Pensa che, quando ero bambina, disegnavo modelli per bambini!"

"E io disegnavo modelli per macchine."

"Ehi, siamo uguali!" fa Tiziana.

"Uguali?"

"Siamo quelli che da bambini sanno già che cosa vogliono fare nella vita!"

"Sì, ma tu lo fai già."

"Io ho avuto la vita facile. Perché sai... nella mia famiglia, il nonno, lo zio, il papà, tutti sono... erano... stilisti."

"Invece nella mia famiglia non c'è stato nessun ingegnere. Papà è morto quando ero bambino, ma lui faceva l'operaio, la mamma invece è un'impiegata."

"Beh, allora vale^to be worth ancora di più. Vuol dire che hai un talento innato^inborn. Invece io non so se ho davvero talento. Ancora nessuno ha accettato i miei disegni per collezioni di moda. Cioè, soltanto qualche modello... Ti ricordi? Lo zio mi aveva detto che non gli piacevano. Adesso forse ho qualche chance con Greco, devo ancora parlarne però."

"Capisco" dice Alessandro. Poi si fa coraggio e chiede a Tiziana se vuole andare a mangiare qualcosa con lui.

"Sì, volentieri" fa lei. "Hai in mente qualche posto in particolare?"

Alessandro non esce molto e non conosce posti dove portare una ragazza. Con sua mamma è andato qualche volta in una pizzeria vicino a casa sua, ma non è il tipo di posto che può piacere a Tiziana.

"No, non ho in mente nessun posto. E tu? Ti piace qualche posto in particolare?"

"A me piace tanto un ristorantino in zona San Siro. Si chiama Ippo. Lo conosci?"

"No, mai sentito."

"Strano perché lo conoscono tutti, cioè… quasi tutti. E' uno dei migliori ristoranti di Milano."

"Uno dei migliori ristoranti di Milano" pensa Alessandro. "Questo significa anche uno dei cari ristoranti di Milano."

Ma ad alta voce dice:

"Ok, va bene."

E propone di andare in taxi. Non vuole far sapere a Tiziana che non ha la macchina.

"Perfetto" fa lei.

Il ristorante

Diversamente da altri paesi, in Italia la maggior parte dei ristoranti sono italiani e offrono specialità italiane.

Agli italiani piace mangiare tradizionale e le novità dall'estero sono state parzialmente recepite.

Spesso i menù sono tipici di alcune regioni, per esempio ci sono ristoranti di cucina toscana, o piemontese o altro.

Si possono trovare anche ristoranti etnici che presentano menù della cucina giapponese, cinese, ma anche greca, egiziana…

Sì, perfetto, perfetto il ristorante, perfetta la serata, perfetta lei, Tiziana. Alessandro scopre di avere molte più cose in comune con lei di quanto si aspettasse. Hanno frequentato lo stesso tipo di scuola (il liceo classico[italian high school type]), amano lo stesso genere di film, i film americani degli anni cinquanta, amano andare alle mostre di arte contemporanea anche se ne capiscono poco, il loro pittore preferito è Botticelli.

Dopo quasi due ore al ristorante, escono nell'aria tiepida^{mild} di questa romantica sera di luglio.

Lui la prende per mano. Lei la stringe.

Si fermano in un angolo. La strada è deserta.

Si baciano.

"Mi piaci tanto" dice lui.

Lei risponde con un altro bacio.

Continuano a baciarsi in taxi. Ad Alessandro sembra di vivere in uno dei suoi film preferiti. Quando arriva sotto casa, Tiziana lo saluta con un: "A domani, amore."

Lui sale le scale e pensa a lei. E' felice.

La mamma di Alessandro è ancora sveglia.

"Dove sei stato?" gli chiede.

"Al ristorante" risponde lui.

"Con una ragazza?" domanda la mamma.

"Sì mamma."

"Hai pagato tanto?" chiede lei.

Ecco, questo è tipico di sua mamma! Non gli chiede se è stato bene, se si è divertito, chi è la ragazza... Non le importa niente. La mamma è sempre e solo preoccupata per i soldi. Alessandro sa perché: ha lottato^to fight contro la mancanza^lack di soldi per tutta la vita.

Però questa volta risponde seccato:

"Sì, abbastanza."

"Quanto?"

"Centottanta euro."

"Stai scherzando, vero?" esclama lei gli occhi grandi di paura.

"Sì, mamma. Sto scherzando!"

"Ah bene. Va' a letto adesso. Vuoi una camomilla?"

"No, grazie" dice lei.

Alessandro si distende nel letto. Non si addormenta subito. Continua a pensare a Tiziana e quella notte i suoi sogni sono pieni di lei.

Il pranzo

L'ora del pranzo va dalle dodici e mezza alla una e
mezza.

Molti italiani che lavorano mangiano fuori casa con
un panino o un piatto di pasta.

Quando però si pranza a casa allora il pranzo diventa
un pasto sostanzioso: in genere con un primo piatto
di pastasciutta (spaghetti, maccheroni con sugo o
altro), un secondo a base di carne, pesce o uova con
un contorno di verdura, poi la frutta e, per finire, il
caffè. E a volte anche… il dolce.

Gli italiani bevono molta acqua, minerale frizzante o
liscia. Alcuni bevono vino. Diversamente da altri
paesi, il consumo di birra è limitato.

Capitolo 9: Un'assassina?

Mattina in ufficio. Alessandro aspetta una telefonata di Tiziana che non arriva.

Valeria non gli parla e non gli parla neppure Richetti.

"Forse Valeria gli ha riferito la nostra conversazione" pensa Alessandro.

Nella pausa Richetti dice che ha da fare.

Alessandro si trova al tavolo da solo. Mentre mangia un piatto di pasta con il pomodoro, entra Camilla. Si guarda intorno, ma non vede chi sta cercando, forse il signor Greco. Però non c'è neppure lui oggi. Sta per uscire quando vede Alessandro.

"Ciao" dice e si siede vicino a lui.

"Tutto bene?" chiede Alessandro.

"Mmh no, non tanto."

"Per… Baruffi?" domanda Alessandro.

"Sì, cavolo, da non crederci, ma mi dispiace davvero. Non era una grande storia, ma io … mi ero affezionata a quel bastardo. E poi essere ucciso così, che cosa terribile!"

"Lui non ha mai detto niente?" chiede Alessandro.

"Di che cosa?"

"Non so, pensava di essere in pericolo? Qualcuno lo aveva minacciato? Sai… gente così, si dice che abbia tanti nemici."

"Ma no, minacciato no. Però di nemici ne aveva. Per esempio: la nipote."

"Tiziana? Nooo, non è possibile."

"Perché? Ti piace?" fa lei.

"Non per quello, ma perché non credo che sia stata lei! Non mi sembra capace."

"Non ti sembra capace? Ah, non ti fare ^{incantareto} _{enchant}! Quella è una faccia d'angelo, ma dentro…"

"Perché parli così?" domanda Alessandro seccato.

"Perché so molte cose su di lei, cose che mi ha detto lo zio quando era in vita. Baruffi parlava tanto di lei: diceva che per lei era stato come un padre e che le voleva bene. Ma lei voleva fare la stilista e aveva disegnato la collezione per l'inverno. Gli aveva fatto vedere i disegni naturalmente. Lui però aveva detto: 'no, non mi piacciono.' E lei si era arrabbiata, tantissimo. Pensa che Baruffi mi ha detto che gli aveva dato una sberla^{slap} e poi gli aveva spaccato^{to} ^{break} un vaso."

"Oh, cavolo!" esclama Alessandro. "E questo dove, quando è successo?"

"Qualche giorno prima dell'omicidio. E pensa che io gli avevo anche detto: 'Sta' attento a quella lì! Incazzosa^{hysterical} com'è, ti ammazza.' E lui: 'Non ti preoccupare, la conosco da così tanto, per me è come una figlia, eccetera eccetera'."

"Ma questo non vuol dire niente!" fa Alessandro. "C'è un'arma del delitto nella sua macchina!"

"Qualcuno l'ha messa lì" suggerisce lui.

"Ah, ragazzo mio!" dice Camilla. "Ma allora non capisci oppure non vuoi capire? Però… aspetta… Sei forse uscito con Tiziana?"

Alessandro non vuole mentire e non risponde.

Risponde invece con una domanda:

"Ma perché secondo te lo avrebbe ucciso?"

"Perché era arrabbiata, perché lui non le dava quello che voleva, perché adesso che lui è morto, lei possiede un terzo della compagnia Baruffi & Baruffi. Ti basta?"

"Lei ha ereditato una parte della compagnia?" esclama Alessandro.

"Proprio così" dice Camilla. "Ah, guarda un po'. Si parla del diavolo e spuntano le corna^{horns}. Eccola! Sta entrando adesso."

Tiziana viene verso di loro.

Si ferma al tavolino davanti ad Alessandro e Camilla.

Sorride. Ad Alessandro.

"Ciao, Alessandro" dice.

"Ciao, Tiziana" dice lui serio.

"Cosa c'è? Mi sembri strano." Poi guarda, Camilla

"Che cosa ti ha raccontato questa strega?"

Camilla, a sua volta, guarda Tiziana e poi Alessandro.

"Ah, allora avevo ragione io! Tu e lei uscite insieme! E io che ti ho detto tutte quelle cose. Che scema sono!"

E se ne va, sculettando^{to walk with a wiggle} sui suoi tacchi alti.

"Che cosa ti ha raccontato, Alessandro?" chiede Tiziana preoccupata.

"Sono le una e venti, Tiziana. Adesso non ho tempo devo tornare a lavorare. No, aspetta!" Il tono di Alessandro diventa ironico:

Tu sei diventata una dei miei datori di lavoro^{employer} no? Puoi dirmi tu se posso prendere dieci minuti in più di libertà!"

"Perché parli con questo tono? Sei arrabbiato?"

"Sì, sono arrabbiato perché non mi hai detto tutto."

Alessandro esce dal bar e lei lo segue.

"Cioè?"

"Non mi hai detto che avevi litigato con tuo zio qualche giorno prima e che avevi un movente grande come una casa: ereditare l'azienda^{company} di tuo zio."

"Non te le ho detto perché avevo paura che tu… che tu…"

"Che io ti creda colpevole, vero?"

Tiziana gli mette una mano sulla spalla:

"Davvero, Alessandro. Non sono stata io. Ti prego, credimi almeno tu! Domani viene la polizia ancora e se mi arrestano."

"Tiziana, mi dispiace. Io non posso farci niente!"

Alessandro ci pensa tutto il pomeriggio. Seduto davanti al computer nell'ufficio di Richetti, è serio e cupo^{bleak}.

Verso le quattro passa Valeria che chiede se qualcuno vuole un caffè. Sembra felice Valeria. E anche Richetti. Da quando il signor Baruffi è morto, l'atmosfera nell'ufficio è cambiata. Tutti sembrano più felici.

Invece Alessandro è triste e pensieroso. Valeria si siede vicino a lui.

"Ho deciso di perdonarti" dice. "Mi sembri un ragazzo così dolce…"

"Sì, buono e dolce. E, dammi retta!, lascia perdere Tiziana" fa Richetti.

"Prenditi il caffè e parliamo un attimo" dice Valeria.

"Ok" replica lui.

"Vedi... ci dispiace che quella lì ti manipoli così. Tu sei un bravo ragazzo e lei..."

"Però voi avete mentito alla polizia" fa Alessandro.

"Sì, ma soltanto per evitare problemi. Sai com'è..." dice Valeria.

"Ma come fate a essere così sicuri che sia stata Tiziana?" chiede Alessandro.

"Il fatto è..." spiega Valeria "il fatto è... che quella notte quando sono andata, sono venuta qui nell'ufficio di Baruffi. Io... Baruffi l'ho visto, ma era già morto. E sai chi era qui prima di me? Tiziana."

"Tu l'hai vista?"

"Sì, certo che l'ho vista. Stavo parcheggiando vicino al giardino e ho visto lei uscire. Era a piedi. Andava verso Piazza Duomo ed era molto agitata."

Quando esce dall'ufficio c'è Tiziana che lo aspetta.

Lo guarda con il suo viso dolce, gli occhi grandi e profondi.

Quando Alessandro la vede ha un moto di tenerezza^{tenderness}.

"Mio Dio, come può essere un'assassina?" pensa.

Lei gli dà un bacio sulla guancia.

Lui le accarezza i capelli.

"Vuoi andar a bere qualcosa, un aperitivo da 'Biffi' in galleria?" gli chiede lei.

"Biffi, naturalmente" risponde Alessandro. Ma, in realtà, non si è mai seduto in quel bar che tutti sanno essere molto caro.

Invece Tiziana dice che lei ci è stata spesso, soprattutto con lo zio.

I due ragazzi si siedono ai tavolini fuori dal bar.

Tiziana beve il suo solito "spumantino", Alessandro una birra piccola.

"Allora hai scoperto qualcosa?" chiede Tiziana.

"Sì" Alessandro è imbarazzato. "Io… sì… ho scoperto qualcosa, ma tutto quello che ho scoperto riguarda te."

"E Valeria?" insiste Tiziana.

"Valeria ha detto che ti ha visto uscire dall'ufficio di tuo zio. Quando lei è entrata lui era già morto."

Tiziana sta zitta.

"E' vero?" chiede Alessandro.

Qualche secondo di silenzio.

"Sì, è vero" dice infine Tiziana. "Ti ricordi in taxi? Mio zio mi ha telefonato. Mi ha detto di andare nel suo ufficio, che aveva ripensato alla storia dei modelli per la collezione e che voleva vedermi. E allora…"

"Allora?"

"Allora sono andata da lui, ma quando sono arrivata, lui era… morto."

"Perché non me lo hai detto prima?"

"Perché avevo paura che tu mi credessi colpevole."

"Tiziana, tu mi hai chiesto di indagare, ma non mi hai detto tante, troppe cose!"

"Quindi avevo ragione, tu mi credi colpevole!"

"Non ho detto questo."

"Sì, tu mi credi colpevole. Te lo leggo negli occhi."

"Ascolta Tiziana… "

Le prende la mano, avvicina il viso al suo, le sfiora le labbra.

"Ehi Tiziana, ma dove cavolo eri finita?" E' la voce di un uomo. Un giovane uomo si è materializzato^{to materialize} come dal niente accanto al loro tavolo. E' molto alto, porta una specie di canottiera^{sleeveless shirt} che mette in rilievo i grossi muscoli delle braccia. I suoi occhi chiari sono fissati sulla mano che Alessandro ha messo sul braccio di Tiziana.

"Ti ho cercato in ufficio e al bar Varalli. Poi ho pensato che potevi essere qui, ma perché non mi hai chiamato?"

"Scusa Michael" risponde Tiziana che scosta subito il braccio. E poi aggiunge:

"Ehi, Michael! Ti avevo parlato di Alessandro? E'quell'impiegato il ragioniere della Baruffi. Mi sta solo aiutando a uscire da questo pasticcio^{trouble}."

A questo punto Tiziana si alza. Abbraccia il ragazzone davanti agli occhi di Alessandro. Questi si alza ed esce quasi di corsa dal bar.

Capitolo 10: Manipolato

"Manipolato" questa è la parola giusta.

Tiziana lo ha manipolato. Lo ha ingannato[to deceive] e manipolato.

Ha approfittato[to take advantage of] del suo ... amore per lei.

Ma si può chiamare amore quel sentimento che è nato tra di loro (o forse solo da parte sua, di Alessandro) da così poco tempo?

Non sa rispondere a questa domanda. Alessandro non ha mai avuto una ragazza. Ha avuto qualche storia, bacetti e poco più, con compagne di classe al liceo. All'università non conosce ragazze, poche ragazze studiano ingegneria, e quelle che ci sono o pensano solo a studiare o sono brutte o sono già fidanzate. E comunque non aveva mai conosciuto nessuno come Tiziana. Una ragazza così bella così di classe, così.. magica.

"Sì, magica" mormora Alessandro fra sé "magica e pericolosa."

Perché più ci pensa più si convince che è stata lei a uccidere Baruffi. Tutto è contro di lei, tutto.

Alessandro passa una notte senza chiudere occhio.

Si addormenta alle quattro di mattina e si sveglia troppo tardi per arrivare puntuale al lavoro.

Infatti è in ufficio alle nove.

Giusto in tempo per vedere una scena che non avrebbe voluto vedere: ci sono due poliziotti e tra i due poliziotti Tiziana in manette^{cuffs}.

Stanno salendo sulla macchina della polizia davanti al negozio Baruffi & Baruffi.

Greco, Richetti, Valeria e Camilla sono lì. Nessuno di loro sembra dispiaciuto. Anzi, ad Alessandro sembra di vedere l'ombra di un sorriso sul viso di Camilla. E, mentre tornano in ufficio, Valeria sussurra:

"Le sta bene."

"Stronze" pensa Alessandro, mentre si siede alla scrivania.

Sono passati sei giorni.

Tiziana è in prigione, Alessandro ha cercato di avere notizie, ma nessuno sembra sapere niente.

Da Baruffi & Baruffi sembra che niente sia successo, che niente sia cambiato.

Oggi venerdì è il 3 agosto, e in ufficio non c'è praticamente nessuno. C'è soltanto Greco che lavora nell'ufficio di Alessandro mentre Alessandro lavora da solo nell'ufficio di Richetti.

Valeria è a Parigi da Yves Saint Laurent per i suoi contatti, Richetti è dalla mamma che abita in campagna. Greco chiede un'informazione ad Alessandro riguardo a una pratica[file].

"Mi dispiace" risponde il ragazzo "ma non ce l'ho sul mio computer. Di questa cosa si occupa Richetti."

"Guarda su quello di Richetti allora!" gli suggerisce Greco.

Ma Alessandro non può guardare sul computer di Richetti, perché non ha la password. Lo dice a Greco.

"Richetti ha una password sul computer di ufficio?" domanda Greco.

"Sì" risponde Alessandro. "Ha messo la password perché è molto geloso del suo computer. Non lo fa usare a nessuno."

Greco scuote la testa.

"Che sciocchezza!" esclama. "Chiamalo e chiedigli la password!"

"E' sicuro?" domanda Alessandro. Esita perché non vuole fare arrabbiare Richetti.

"Certo" risponde quello seccato. "Ho bisogno di quei numeri adesso. Siamo nella prima settimana di agosto, domani, metà Italia parte per le vacanze. Dobbiamo fare oggi tutto ciò che è possibile."

Alessandro telefona a Richetti che è sorpreso di sentirlo.

"E' successo qualcosa?" chiede.

"No, niente di particolare, non preoccuparti! Soltanto che Greco vuole la password del tuo computer."

"Del mio computer, e perché?"

"Ha bisogno di dati. Urgentemente."

"Non può aspettare lunedì?" chiede Richetti.

"No, non credo. Vuoi parlare con lui?"

"Sì, no, anzi… lascia perdere. Ok, te la do. Poi passo io."

"Passi tu? Ma non sei fuori Milano?"

"Sì, ma rientro prima di sera. Devo parlare con Greco."

Alessandro ringrazia e accende il computer di Richetti.

Le cartelle sono ben ordinate. Nella cartella dal nome "luglio" trova i dati che gli ha chiesto il signor Greco. Li stampa. Porta il foglio nell'altra stanza, ma Greco non c'è.

Torna nel suo ufficio e si siede di nuovo al computer. Non al suo, a quello di Richetti.

"Chissà perché Richetti è così geloso del suo computer" si chiede. "Magari tiene qui dentro qualche filmino porno o foto compromettenti^{compromising}. Foto di donne… Ma Richetti ha donne? Non ne parla mai. Non ha la fidanzata, non è mai stato sposato…"

Alessandro scorre velocemente, non vuole che Greco lo scopra a curiosare nel computer di Richetti…

Apre una cartella dal nome "Varie". I file hanno nomi di documenti vari, aziende con cui la Baruffi & Baruffi collabora, niente di interessante. Un file si chiama: Modelli. E' un pdf. Alessandro vi clicca sopra. E... eccoli i modelli della collezione inverno, quelli di quando Richetti era stilista!

Alessandro sorride. Quindi Richetti li tiene ancora.

"Allora, vent'anni prima" pensa "li aveva disegnati a mano e adesso con la nuova tecnologia li ha inseriti in pdf."

Sta per chiudere il file quando nota una cosa: la data. E' il giorno prima della morte di Baruffi. Richetti ha creato quel file il giorno prima dell'omicidio.

"Significa qualcosa?" si chiede Alessandro. "No, forse no. Però è strano."

Greco entra nell'ufficio.

"Allora, hai fatto?" chiede.

"Sì, signore" dice Alessandro e spegne il computer. Si alza e gli dà il foglio.

Greco gli chiede di andare con lui ad aiutarlo in un lavoro. Resta nel suo ufficio.

Richetti arriva un quarto d'ora prima della fine del lavoro.

"Ah bene" dice Greco. "E' arrivato."

"Sì, sono qui."

"Bene, così possiamo parlare… di quella faccenda…"

"Oh sì." La faccia di Richetti si illumina. "Grazie" dice.

Alessandro finisce il suo lavoro, ma Greco gli chiede di restare ancora una mezz'ora per finire di completare dei documenti.

"Ok" fa Alessandro.

Torna nel suo ufficio mentre Richetti va nell'ufficio di Greco .

Ne esce dopo dieci minuti. Sembra felice, felice come Alessandro non lo ha mai visto. Tiene in mano dei fogli.

Alessandro lo guarda.

"Ehi, ti vedo contento!" commenta.

"Sì, forse finalmente posso realizzare il sogno della mia vita" risponde Richetti.

"Il sogno della sua vita? Intende dire forse fare lo stilista?" si chiede Alessandro.

Richetti accende il computer.

"Chissà se vede che io ho aperto il suo file..." si chiede
Alessandro che continua a lavorare.

Richetti si alza.

"Hai finito?" gli chiede. "Vuoi venire a bere qualcosa?"

Sì, Alessandro vuole andare a bere qualcosa, vuole
parlare con Richetti perché comincia a formarsi
un'idea, una certa idea...

Richetti è allegro, sorride tutto il tempo.

Vanno insieme in un bar vicino a Piazza Duomo, un
bar alla moda dove c'è un happy hour.

Happy Hour
L'happy hour in Italia comincia in genere verso le 18. Spesso prosegue fino alle 20 o alle 21. Spesso si usa questo termine al posto di "aperitivo". Si può bere spumante o cocktail o altre bevande. Per un happy hour in genere non si paga meno, ma si paga lo stesso prezzo o anche di più. Insieme però vengono offerti stuzzichini di vario genere.

Alessandro è sorpreso. Richetti gli ha sempre detto che non gli piacciono i posti alla moda e che non gli piacciono gli happy hour.

"Io prendo un Manhattan. E tu?" dice Richetti.

"Una birra."

"E dai, non si prende una birra per l'happy hour" gli dice Richetti.

"Ok, allora un campari."

"Ah, così mi piaci."

"Allora? Cosa festeggiamo?" domanda Alessandro.

"Non posso dirlo, però qualcosa di molto speciale."

"Avanti, dimmelo!" lo esorta lui. "Qualcosa che ha a che fare con il lavoro?"

"Sì, più o meno… Però davvero per ora non posso dirlo. Non voglio parlarne, non…"

"Ok ok, non importa" dice Alessandro.

"Senti, invece ho sentito dire che sei uscito con Tiziana."

"Chi lo ha detto?"

"Beh, sai nel nostro ambiente, da noi… tutti sanno tutto di tutti."

"Ah ah" è il solo commento di Alessandro.

"Ma… state insieme adesso?" fa Richetti curioso.

"Assolutamente no."

"Lei ha già un fidanzato, mi pare, un certo Michael."

"Preferisco non parlare di questo" lo interrompe

Alessandro.

"Beh, lo credo. Anche perché, se le cose vanno come

stanno andando, la ragazza finisce dentro[in prison]. E

per diversi anni."

"Già. Tutte le prove sono contro di lei."

"Eh sì. Niente alibi, un movente, anzi diversi moventi,

quel tagliacarte[paperknife] nella sua macchina… tutto

contro di lei."

"Sì, tutto contro di lei."

In quel momento suona il cellulare di Alessandro.

E' sua mamma. E ha una voce allarmata

"La zia è all'ospedale" gli dice. "Alessandro, per

favore mi accompagni?"

"Cosa è successo?"

"Ha avuto un infarto^{heart attack}, poveretta. Per favore, Alessandro."

"Ok" dice il ragazzo. "Arrivo subito."

Saluta Richetti con un: "Ci vediamo in ufficio."

Alessandro accompagna la mamma all'ospedale.

Adesso sono in sala d'attesa.

La mamma sta telefonando a una delle sue sorella, Alessandro invece pensa. Pensa a una cosa che gli ha detto Richetti, una cosa strana. Quando ha parlato dell'arma del delitto, ha nominato un tagliacarte. Un tagliacarte… Alessandro cerca di ricordare quello che ha letto sui giornali. Tutti parlavano di un coltello, non di un tagliacarte. La stessa Tiziana gli ha parlato di un coltello.

Di sera, di ritorno a casa, Alessandro telefona a Tiziana.

"Se è in prigione, sicuramente non risponde, invece…" risponde.

"Ciao, Tiziana."

"Oh, Alessandro." Tiziana ha una voce triste.

"Come stai?" chiede Alessandro.

"Di merda. E tu?"

"Ok. Sei a casa?"

"Sì, mi hanno rilasciato ieri."

"Oh bene."

"Sì, ma le accuse… ci sono sempre e hanno diverse prove contro di me. Un disastro!"

"Senti" fa Alessandro. "Ti ho telefonato per sapere una cosa: nella tua macchina hanno trovato un coltello o un tagliacarte?"

"Hanno trovato un tagliacarteee?! Il tagliacarte, che stava sulla scrivania dello zio. Ma come fai a saperlo? Nessuno lo sa. Se non la polizia, naturalmente. Non lo hanno scritto sui giornali. Non lo sapevo neppure io fino a l'altro ieri quando me lo hanno fatto vedere."

"Per la prima volta?"

"No, in effetti no. Me lo avevano già fatto vedere quando lo avevano trovato. Ma io ero così in panico che non ho neppure capito che era un tagliacarte…"

"Per questo mi hai parlato di un coltello…"

"Sì, ma questo cosa significa? Perché lo vuoi sapere?" chiede Tiziana.

"Perché forse… è una cosa importante."

"Davvero? Qualcosa che… Alessandro, possiamo vederci?"

"Non ti devi vedere con lui, con Michael? Non è lui il tuo ragazzo?" La voce di Alessandro si è fatta dura.

"Sì, no, cioè… E' complicato, Alessandro" risponde lei

"No, non mi sembra complicato. E' o non è il tuo ragazzo?"

"Sì, però io…"

"Nessun però Tiziana, io non capisco niente di queste cose, però… non ci sono però, ecco. Comunque ti aiuto lo stesso."

"Sì, ti prego."

Capitolo 11: "L'ho ucciso io"

Cosa fare? E' venerdì, sono le dieci di sera, fino a lunedì Alessandro non può avere le risposte che cerca. Ma in quale modo può avere queste risposte? Alessandro pensa e pensa. Quando sua madre va a letto, si siede davanti alla televisione, ma ci sta pochi minuti. Sono le undici di sera quando esce di casa. Cammina per le strade. Cammina e cammina. Strade, piazze, arriva in centro: passa davanti al Castello Sforzesco, al Duomo, attraversa la Galleria di Milano (quanta gente anche a quest'ora!), arriva in Via Montenapoleone, al negozio Baruffi & Baruffi.

Si ferma fuori di esso, un uomo sta uscendo adesso. Accidenti! E Greco. Ma non è solo. Insieme a lui c'è qualcuno. Alessandro sente una voce maschile. E' una voce con un accento straniero. Una voce che ha già sentito, ma non ricorda dove. Adesso li vede mentre si avviano verso il parcheggio. E sotto la luce del lampione^street lamp vede chi è l'uomo. E' Michael! Lui e

Greco si tengono per mano.

"Michael? E questo che cosa significa?" si chiede. E si

risponde:

"Questa è una domanda stupida, davvero stupida."

Alessandro va alla porta del negozio. E' chiusa,

naturalmente.

Vorrebbe salire al piano superiore e guardare nel

computer di Richetti, ma come?

Niente da fare, deve aspettare fino a lunedì. Sperando

che Richetti non stia sempre in ufficio.

Due giorni, 48 ore, passano presto, sono sempre

passate presto, ma questa volta no.

Alessandro è inquieto. Cerca di studiare, ma non

riesce.

Guarda la televisione, legge qualche rivista, fa grandi

camminate per la città che diventa sempre più

deserta. E' agosto, la gente è partita. Per il mare, la

montagna, a visitare città.

Alessandro invece resta in città. Lui ama Milano quando è così deserta.

Lunedì mattina alle sette esce di casa.

In autobus pensa a Tiziana, all'omicidio, a Richetti.

Arriva davanti al negozio Baruffi & Baruffi.

"Sono veramente uno stupido. Che cosa ci faccio qui a quest'ora? Tanto è tutto chiuso."

Si avvicina al negozio e vede che qualcuno ci sta lavorando. Un commesso sta mettendo dei vestiti in vetrina.

"Accidenti!" esclama. "C'è qualcuno."

Bussa^{to knock} alla vetrina. Un commesso lo vede e gli apre la porta. Alessandro lo conosce, lo vede spesso al bar vicino al negozio. Anche lui lo conosce.

"Cosa ci fai qui tu?" chiede.

"E tu?" fa Alessandro.

"Io? Io parto questo pomeriggio. Il signor Greco vuole assolutamente cambiare la vetrina per agosto. Sai che il negozio rimane aperto. Con tutti i turisti che vengono apposta^{on purpose} qui a comprare... Se non comincio adesso non ce la faccio a finire entro il pomeriggio e … Ma senti, questi non sono fatti tuoi. Che cavolo ci fa tu qui a quest'ora?"

"Niente, cioè sì… Venerdì ho dimenticato una cosa. Ho bisogno di entrare nell'ufficio."

"Non posso farti entrare."

"Per favore. Ho dimenticato il… cellulare. Ne ho assolutamente bisogno."

"Uff, ok. Ma fai presto!"

Il commesso apre la porta e fa entrare Alessandro che sale di corsa nell'ufficio di Richetti.

Accende il computer e prende il cellulare dalla tasca della giacca.

Il computer è acceso. Digita la password. Ok, adesso è dentro. Va sulla cartella "Varie." Ci sono diversi file: il nome di uno di questi è "mail".

Clicca su mail. Il file è molto grosso.

Ed esce tutta la corrispondenza[mail] del signor Baruffi!

Non le mail tra Richetti e il signor Baruffi, ma tutte le

mail del signor Baruffi degli ultimi mesi. Sono tutte le mail riguardanti la "collezione d'inverno".

"Ehi, Alessandro, allora hai trovato il tuo cellulare?" chiede il commesso dal corridoio.

"Sì, ok trovato" risponde Alessandro.

Spegne il computer ed esce di corsa.

E adesso? Sono quasi le otto. Alessandro va a sedersi su una panchina in un giardinetto.

Richetti aveva un movente per uccidere Baruffi: Richetti ha disegnato di nuovo la collezione per l'inverno, l'ha proposta a Richetti, Richetti ha detto di nuovo di no, Richetti si è arrabbiato e l'ha ucciso.

Funziona? Sì, può essere, ma come dimostrarlo?

Alessandro pensa a Richetti, a quest'uomo bassino, tondetto, con la faccia gentile. Uno così può essere un assassino? No, sì, forse.

Quali prove ci sono contro di lui?

Nessuna in realtà, se non una: sapeva che l'arma del delitto era un tagliacarte, ma un coltello.

"Ma questo può essere soltanto un caso" si dice Alessandro.

Nooo, non può essere un caso. Una cosa così non si può indovinare[to guess]!

Ma se anche è stato lui, come può dimostrarlo?

Quello che ha non è sufficiente per la polizia. Deve avere qualcosa di più. Altri indizi[clue], altre prove. Ma quali e dove trovarli? Pensa e pensa, ma non arriva a niente.

In quel momento suona il cellulare. E' Tiziana.

"Ciao, ti disturbo?"

"No, assolutamente no. Anzi… sono contento di sentirti. Devo parlarti."

"Di che cosa?" chiede Tiziana.

"Dell'omicidio. Ho dei sospetti."

"Sospetti, davvero? Su chi?"

Alessandro spiega a Tiziana quello che ha scoperto.

"Cavolo!" esclama lei. "E adesso?"

"Appunto: e adesso? Cosa posso fare? In ufficio non c'è niente, non posso certo andare a perquisire casa sua…"

"Potresti parlare con lui" suggerisce Tiziana.

"Con lui?"

"Sì, puoi cercare di fargli dire qualcosa."

"Non è così stupido!"

"Forse se siete soli, se tocchi i tasti giusti^{to take the right}

^{steps}... Tu sei un ragazzo così intelligente che forse

riesci..."

"Non lusingarmi^{to flatter}, Tiziana."

"Non ti sto lusingando. Io so che sei intelligente."

Qualche secondo di silenzio. Alessandro pensa.

"Ok, parlerò con lui" conclude. "Forse è la sola cosa da

fare. Oggi, dopo il lavoro."

Richetti arriva tardi in ufficio. Un grande sorriso sulle

labbra.

Quasi tutto il giorno lavora con Greco.

Sono le cinque e torna in ufficio.

"Hai tempo dopo?" chiede Alessandro. "Vorrei

parlarti."

"Sì, volentieri" dice Richetti. E sorride.

Insieme vanno nel bar in cui sono stati venerdì.

"Hai voglia di un happy hour?" propone Alessandro.

"Un altro happy hour? Ma sì, perché no? Non mi sono mai piaciuti. Ma, da quando sono diventato uno stilista, è cambiato tutto" risponde Richetti.

"Da quando sei diventato uno stilista?"

"Da quando Baruffi è morto."

"E' cambiata la tua vita da quando è morto lui, vero?"

"Non posso negarlo" dice Richetti con un tono soddisfatto.

"E' il momento di fare la domanda, quella domanda" pensa Alessandro. Si fa coraggio e chiede ad alta voce:

"Per questo lo hai ammazzato^{to kill}?"

"Cosa hai detto?" Gli occhietti di Richetti si fanno grandi dalla sorpresa.

"Hai capito" fa Alessandro.

Richetti prende il bicchiere di spumante e lo beve tutto in un fiato.

"Perché dici questo?" domanda con voce tranquilla.

"Perché sono sicuro che sei stato tu. Quando hai parlato con me l'altro giorno, hai detto che l'arma del delitto era un tagliacarte, e sai che cosa? Nessuno

sapeva di quel tagliacarte... E poi... le tue mail con
Baruffi."

"Quali mail con Baruffi?" chiede Richetti e lo guarda
minaccioso. "Vuoi dire che ti sei messo a curiosare tra
le mie mail?"

Alessandro non risponde. Adesso è lui a essere
imbarazzato.

Richetti fa una specie di sorriso.

"Lasciamo perdere, va'!" mormora.

Alessandro torna all'attacco^{to move into attack}.

"Allora sei stato tu?" domanda.

"Credi che sia uno stupido?" Richetti adesso ha alzato
la voce. "Credi veramente che sia così stupido?"

Si alza, attraversa il bar e se ne va.

Alessandro lo segue subito, ma un cameriere segue
lui gridando:

"Ehi signore! Non ha pagato..."

Alessandro paga, esce subito dopo, ma non trova più
Richetti.

Cosa fare adesso? Dopo qualche minuto lo chiama Tiziana al cellulare.

"Hai saputo qualcosa?" gli chiede ansiosa.

"Sì, gli ho parlato, ma… non ha detto niente."

"Come ha reagito?"

"Era arrabbiato, ma… non so dirti niente di più."

"E adesso?"

"Adesso non lo so, Tiziana. Devi lasciarmi pensare" risponde Alessandro nervosamente.

"Sei ancora arrabbiato a causa di Michael, vero?" dice Tiziana. "Mi dispiace tanto, Alessandro. So che ti devo delle spiegazioni, ma prima ti prego: cerchiamo di risolvere questa situazione, io… "

"Ok Ok, ho capito. Lasciami pensare! Ti chiamo presto."

"Sono le sette ormai."

Alessandro va a prendere sua mamma all'ospedale dove è andata a trovare la zia. Anche lui si ferma dalla zia per qualche minuto. Sta meglio adesso e parla continuamente come ha sempre fatto. Ad

Alessandro non è simpatica la zia. La trova stupida, noiosa e a volte anche un po' cattiva.

A casa riceve una telefonata sul cellulare. E' Richetti.

"Possiamo vederci?" gli chiede. "Ti devo parlare."

"Quando?"

"Anche stasera, se sei libero."

"Sì, sono libero."

"Allora, alle nove a casa mia."

Alessandro esce di casa alle otto e mezzo per arrivare puntuale all'appuntamento con Richetti. Prima di entrare in casa sua, mette in funzione il registratore che ha nel cellulare.

Lo ha sempre usato per registrare le lezioni all'università, adesso invece vuole usarlo per registrare quello che gli dice Richetti.

Alle nove meno dieci è davanti al palazzo in cui abita Richetti. E' un palazzo anonimo di una periferia anonima. Sale nel suo appartamento, al sesto piano. Sta per suonare il campanello alla porta, ma esita per qualche secondo.

Che cosa vuole fare Richetti? Perché lo ha invitato lì?

E se gli vuole fare del male, ucciderlo…?

Alessandro ha detto a Tiziana dove andava e ha

lasciato l'indirizzo di Richetti a sua mamma.

Se Richetti gli fa la classica domanda: "Qualcuno sa

che sei qui?" lui può rispondere di sì.

Richetti lo aspetta con un grande sorriso. Sembra

sinceramente contento di vederlo.

"Hai mangiato?" gli chiede.

"No, non ancora."

"Bene, ho preparato qualcosa."

Insieme mangiano un risotto ai frutti di mare^{seafood}

che ha cucinato Richetti.

"Sei un bravo cuoco" gli dice Alessandro.

"Grazie."

Richetti stappa una bottiglia di vino bianco.

Alessandro ne beve un bicchiere. Subito Richetti

gliene versa un altro.

"Che cosa vuole fare?" si chiede Alessandro. "Vuole

farmi ubriacare^{to drunken}?"

Richetti porta poi in tavola una torta gelato. Ne taglia

una fetta e la mette su un piatto che dà ad

Alessandro.

"Ti stai chiedendo che cosa voglio da te" dice Richetti.

"Beh, veramente... sì."

"Voglio parlarti di alcune cose."

"Bene."

"Bene, sì bene. E' buona la torta?"

"Sì, molto buona" risponde Alessandro.

"Ok, tu vuoi sapere se io ho ucciso Baruffi, giusto?"

"Sì."

"Perché pensi che lo abbia ucciso io?"

"Sì."

"Ed è così."

Ha pronunciato queste parola con un tono calmo, ma

Alessandro quando le sente quasi fa un salto sulla^{to}

jump on sedia.

"Sì, l'ho ucciso io" ripete Richetti. "Vuoi sapere di più,

immagino."

"Sì."

"Sei un ragazzo curioso" dice Richetti, chiaramente ironico. Ma il suo tono suona anche vagamente minaccioso .

Alessandro non dice niente, ascolta. Richetti parla, parla a lungo:

"Quella notte avevo un appuntamento con Richetti. Ti ho detto che anni fa gli avevo proposto dei modelli. Lui li aveva guardati e mi aveva risposto che non gli piacevano. Anzi, a essere sinceri, aveva usato altre parole. Aveva detto: 'Questa roba è merda, caro Richetti, merda. E mi dispiace, la Baruffi & Baruffi non presenta merde nella sua collezione.' Io gli avevo creduto, cioè avevo pensato: 'I miei modelli sono brutti, non gli piacciono.' Così gli avevo anche lasciato tutti i disegni. Invece non era così, ah no, proprio non era così."

"Cosa vuoi dire?"

"Voglio dire che è successa una cosa. Qualche mese fa ho visto in vetrina due dei miei vestiti, cioè due vestiti che io avevo disegnato tanti anni fa."

"Vuoi dire che aveva usato i tuoi disegni, ma senza il tuo nome?"

"Proprio così. Anni dopo che io li avevo proposti. Incazzato nero^to steal vado subito da lui. 'Mi hai rubato^to steal le idee' gli dico. 'Quei disegni erano miei. Li hai usati e non mi hai dato nessun compenso per essi.' Baruffi non prova neanche a negare. Da quel bastardo che era, mi dice: 'Ok, ho preso qualcosa, è vero. La scorsa estate ero a corto di idee^to have no ideas. Mi sono messo a riguardare i disegni di collezioni degli anni scorsi e, pensa un po'!, ho trovato i tuoi disegni. Mi sono piaciuti un paio di modelli ed… ecco qui! Dovresti essere contento, Richetti' mi fa il bastardo. 'No, non sono proprio contento' gli faccio io. 'Non sono contento, perché il mio nome non compare^to appear da nessuna parte e per quei modelli non ho preso un soldo!'

Richetti s'interrompe. Beve un po' di vino.

"Non ti piace?" chiede ad Alessandro.

"Sì, è molto buono" fa Alessandro e beve anche lui.

Richetti continua a parlare.

"Baruffi mi dice allora che posso disegnare la prossima collezione. E io gli dico ok. In questi mesi ho disegnato decine di vestiti per la collezione d'inverno. La settimana scorsa glieli porto. Lui mi dice: 'Va bene, li guardo.' E poi la mattina della festa mi chiama nel suo ufficio e mi fa: 'Mi dispiace, Richetti. Questi modelli proprio non vanno. Sono brutti e antiquati[old-fashioned]. 'Eh, no' faccio io, 'non di nuovo. Adesso però voglio un'altra opinione. Per favore, falli vedere al tuo partner, a Greco!' 'No, no, non se ne parla' mi dice lui. Io insisto. Lui s'incazza. Io insisto ancora. Vola qualche insulto[insult] anche. Lui è incazzatissimo. E sai cosa fa? Per tutta risposta lui mi licenzia[to fire]. Mi dice: 'Oggi è l'ultimo giorno, ti faccio la lettera lunedì. Da lunedì non voglio vedere più la tua faccia da Baruffi & Baruffi. Io rimango di pietra[to be petrified]. Al momento non dico e non faccio niente, ma tutto il giorno penso, penso a cosa fare."

Richetti si interrompe per bere del vino.

"Quello stesso giorno Valeria mi dice che vuole parlare con Baruffi e che lui le ha dato appuntamento in ufficio dopo la festa. 'Di notte?' le chiedo. 'Sì' fa lei. Beh, quella era la mia occasione. Dovevo farlo presto, se no, già lunedì Richetti poteva scrivere la lettera di licenziamento."

"E lo hai ucciso così, a sangue freddo$^{\text{cold-blooded}}$?" dice Alessandro che adesso guarda, con altri occhi, quell'uomo che ha sempre considerato buono e mite con altri occhi.

"Sì, più o meno" risponde Richetti con tono indifferente. "Lui è in ufficio, scrive al computer. Quando lo vedo, mi viene dentro una rabbia, una rabbia… Lui mi vede e grida: 'Richettiii cosa fa qui tu?' Si alza, ma non fa neanche un passo, io non gli lascio fare neanche un passo perché prendo il tagliacarte dalla scrivania e lo uccido."

"Ma non avevi portato l'arma, quindi non avevi intenzione…?"

"Sì, avevo una pistola nella borsa, ma non l'ho usata.
Ho visto il tagliacarte e … mi è venuto spontaneo
prendere e usare quello." Richetti ridacchia. Sembra
che trovi tutta questa situazione molto divertente. E
ha una luce strana negli occhi, una luce che
Alessandro non gli ha mai visto.
"Oh Dio" pensa il ragazzo "questo è pazzo."
Richetti ridacchia ancora.
"E sai una cosa veramente forte?"
Alessandro scuote la testa.
"Greco. A lui ho fatto vedere i disegni e… Gli
piacciono e come se gli piacciono… Ho un futuro
come stilista adesso che quel bastardo è morto. Ho
fatto un favore a me stesso, a Valeria, a Greco… Ma,
Alessandro, che cosa hai?" chiede ad Alessandro.
Alessandro si è alzato, ma barcolla.
"Non mi sento bene" dice.
Cade a terra.
"Mi gira la testa^{to feel dizzy}. Ma non ho bevuto così
tanto!" esclama il ragazzo.

"No, non hai bevuto così tanto" dice Richetti che adesso gli sta davanti in piedi. "Il fatto è che nel vino non c'era solo alcol."

"Cosa vuoi dire?"

Richetti ridacchia di nuovo. Sembra molto soddisfatto di se stesso.

"Ho messo una polverina^powder nel vinello."

"Mi hai avvelenato^to poison?" chiede Alessandro con voce debole.

"No, solo addormentato" fa Richetti.

Adesso Alessandro è sdraiato sul pavimento.

Addormentato.

"Così mi piace" dice Richetti.

Lo perquisisce.

Pensava di trovare un registratore, ma trova soltanto il cellulare. Richetti non è aggiornato^to be up to date nella tecnica e non pensa che un cellulare possa anche registrare…

"Meglio così" dice. "Però il ragazzo deve sparire."

Mette il braccio di Alessandro al collo e lo porta fuori.

 "Se incontro qualcuno, speriamo di no, dico che è ubriaco" mormora.

Però Richetti non incontra nessuno. E' agosto e tutti sono in vacanza.

La macchina è nel garage. Con difficoltà mette Alessandro, sempre addormentato, in macchina.

"Ma che cavolo!" dice ancora. "'Sto ragazzo sembra leggero, ma pesa una tonnellata."

Esce dal garage in macchina. Intanto pensa a cosa fare di Alessandro.

Può fingere[to pretend] un incidente oppure farlo sparire.

"Peccato" si dice. "Era simpatico. Ecco, ho usato il verbo "era", già lo considero morto."

Sorride.

Non ha rimorsi per aver ucciso Baruffi, anzi ne è contento. Si chiede solo se avrà rimorsi per aver ucciso Alessandro.

"Non penso proprio" pensa. "Dopo tutto è colpa sua, solo colpa sua. Non doveva impicciarsi."

Esce dal garage con la macchina.

Si avvia verso il centro, ma frena^to brake

improvvisamente. C'è una persona davanti alla

macchina.

E' Tiziana.

"Dov'è Alessandro?" grida.

"Va' via!" grida Richetti a sua volta^on his turn.

"Dov'è Alessandro?" ripete lei.

"Non è qui. Va' via!"

"So che è con te. Cosa gli hai fatto?"

Tiziana corre alla portiera della macchina. Richetti

cerca di ripartire.

Tiziana grida:

"Fermati!" E poi:

"Aiuto aiuto aiuto!"

Una macchina, che sta passando in quel momento, si

ferma. Proprio davanti alla macchina di Richetti. Un

uomo scende,

"Signorina, cosa succede?" chiede.

"Il mio ragazzo, lui... lui... non so che cosa gli ha fatto."

Tiziana digita sul cellulare il numero della polizia.

Intanto si avvicina alla macchina di Ricchetti e guarda dentro.

"Ehi, ecco il mio ragazzo! Alessandro Alessandro!" grida. E poi a Richetti:

"Cosa gli hai fatto? E' morto? Cosa gli hai fatto, bastardo?"

Intanto altre due macchine si sono fermate. Richetti scende dalla macchina e corre via.

"Ehi, sta scappando!" grida Tiziana.

Ma nessuno lo insegue.

Richetti sparisce dietro l'angolo della strada.

Tiziana sale nella macchina di Richetti. Alessandro è disteso, addormentato sul sedile posteriore.

Tiziana lo scuote^{to shake}. "Alessandro Alessandro" dice, ma lui non si sveglia.

Lo tocca e sente che respira^{to breath}.

"Oh Dio, per fortuna. Sta solo dormendo!" mormora la ragazza.

Capitolo 12: La fine

Settembre. Il periodo di lavoro è finito, l'università è ricominciata…

Alessandro torna alla solita vita, al vecchio mondo.

Ma il 15 settembre ha un appuntamento, un appuntamento importante con una persona importante: Tiziana.

A mezzogiorno si trova davanti a Baruffi & Baruffi.

Ecco Tiziana! Abbronzata, vestito azzurro, tacchi altissimi. Bellissima, come sempre. Gli va incontro. Lo bacia sulle labbra. Lui le prende la mano.

"Stai bene?" chiede lei.

"Sto bene" fa lui.

"Ti manca Baruffi & Baruffi?"

"No, il lavoro certamente no. Fare il contabile non mi piace, lo sai."

"Lo so. So che la tua vocazione è fare l'ingegnere!"

"E tu come stai?"

"Adesso, dopo una vacanza di tre settimane, bene. Ho cercato di dimenticare tutto, ma non è facile."

"Lo credo. Senti… le accuse sono cadute tutte?"

"Certo. Andiamo nel solito bar? Beviamo qualcosa?" propone lei.

"Ok" fa Alessandro.

Vanno al bar vicino a Baruffi & Baruffi e si siedono a un tavolino in un angolo.

"E adesso?" chiede Alessandro.

"Adesso continuo il mio lavoro. Greco non è un uomo facile, ma non lo era neanche lo zio. Perciò sì, insomma… è tutt'ok, per il lavoro almeno."

"E Michael?"

"Adesso è negli States, però…"

"Però… "

Tiziana non dice niente.

"Tiziana, io non so se dirti una cosa che non ti ho mai detto. A proposito di Michael."

"Cosa?"

"Una notte io l'ho visto qui insieme a Greco."

Tiziana gli rivolge uno sguardo intenso.

"So che cosa stai per dirmi. So tutto. Quella storia è finita. E comunque ho sempre saputo delle doppie tendenze di Michael."

"Quindi state ancora insieme?" chiede Alessandro.

"Credo."

"Tiziana, dimmi la verità!" insiste lui.

"Sì, siamo ancora insieme."

Tiziana si sporge verso Alessandro gli prende la mano.

"Ascolta Alessandro, tu mi piaci tanto. Sei dolce, carino, intelligente… Sembra strano, ma io non ho mai conosciuto uno come te, sai?"

"Neanch'io una come te. E credo che questo non sia strano."

"Sì, ecco, e questo è bello, davvero, però…"

"E sì" pensa Alessandro "c'è sempre un però."

"Però tu non sei del mio mondo, appartieni a un mondo diverso, a un mondo…"

"Normale."

"Beh, sì , forse.

"Quindi mi stai dicendo che la nostra storia, se così possiamo chiamarla, finisce qui" dice Alessandro.

"Sì, ma non la nostra amicizia. Spero almeno… Vuoi essere mio amico?"

"Sì, voglio essere tuo amico. E comunque lo sapevo."

"Lo sapevi?"

"Sì, lo sapevo dall'inizio. Io e te insieme? No, non poteva funzionare… Non lo hai pensato. E forse anche tu?"

"No, non lo so veramente. Io non penso tanto quanto te."

Alessandro la guarda.

"Non sto dicendo che sono stupida, ma solo che sono poco… riflessiva[reflective]."

I due scoppiano a ridere insieme.

Mentre arriva l'insalata per Tiziana e un piatto di pasta per Alessandro, i due continuano a parlare.

"E Richetti? Qualcuno ha sentito qualcosa di lui?"

"No, nessuno. E' scomparso. Ma sai una cosa forte?" fa Tiziana.

"No, cosa?"

"Greco sta usando i modelli che ha disegnato lui per la collezione d'inverno."

"Davvero?"

"Sì, e devi vederli, sono davvero belli. Originali, raffinati, anche a Greco piacciono tantissimo."

"Povero Richetti!" esclama Alessandro.

"E perché?"

"Perché il suo sogno era di diventare stilista, adesso che potrebbe, adesso che finalmente i suoi modelli, lui non può…" Alessandro s'interrompe perché vede che Tiziana è turbata.

"Mio zio è morto, lo ha ucciso lui" dice.

"Sì, hai ragione, scusa."

"E per di più voleva uccidere anche te."

"Questo non si sa."

"No, hai ragione, non si sa."

I due ragazzi finiscono di mangiare. Fuori dal bar si salutano.

"Ti chiamo" dice Tiziana.

"Sì, chiamami" dice Alessandro, ma in cuor suo sa che non lo farà.

Lei torna in ufficio, lui si ferma davanti alla vetrina di Baruffi & Baruffi e guarda i vestiti.

Vestiti bellissimi come Tiziana è bellissima.

Un mondo che non è suo, non è di Alessandro.

Pensa a Richetti e ai suoi sogni che sono rimasti sogni.

E pensa a se stesso e se i suoi sogni potranno mai realizzarsi.

Made in the USA
San Bernardino, CA
22 March 2015